イスラーム信仰概論

水谷 周

明石書店

جوهر الإيمان في الإسلام ودراسته

المؤلف: الدكتور أمين ماكوتو ميزوتاني

本書を、妹仁子に捧げる

はじめに

イスラームについて多数の出版物が出されている。その多くは政治的、時事的な内容であるが、他にも経済、文化などを扱ったものもあり、漏れなく幾多の分野をカバーしているようだ。しかし宗教としてのイスラームの天守閣に相当する信仰そのものを扱っているのは、残念ながら僅少であるといわなければならない。

そこで筆者の仕事はもっぱら信仰の世界を探訪し、その普及のため平易なかたちでその内容を提示することに自然と特化されるようになった。執筆はもちろん、いろいろの機会を捉えて話をする際にもそのような問題意識を投げかけ、あるいは議論することとなった。

信仰には勤行がつきものであるし、さらには当該宗教が実践される信徒による共同体や社会が成立し、その中での様々な風習や慣行に倣うことも広義の信仰生活に含まれる。ただし本書の主題はそれよりもはるかに焦点を絞ったかたちの、精神面における信仰の世界である。

イスラームでは、言葉と行動、あるいは心と身体といったように、信仰はしきりに二分されて、両者とも必要であると結論づけられるのが常である。それには何の誤謬も混じっていないし、極めて妥当な結論である。しかし同時に、車の両輪のようなものとはいっても、信仰の第一の比重が心の面にかかっていることも広く説かれる。

五行といわれる五つある義務的な勤行にはほとんどの場合、実践できないときに備えて代償措置が定められている。しかし六信といわれる六つある信仰箇条に関しては、そのような事後の補償措置として、悔悟すれば赦されるかもしれないことを除けばほとんど何らの保証もないのだ。ここにも両者に対する比重の差が指摘されうる。

「**かれ**（アッラー）はこれらの者の心の中に信仰を書き留められ、親しく霊魂によって強められる。」（抗弁する女章五八：二二）（筆者注：アッラーを示す代名詞は太字、以下同様）

本書は簡潔にまとめられた概説書であるが、本書を手にされる方には、一方で信仰内容の広がる様と、他方でその世界が一点にまとめ上げられて総合的な体系をなしている様子を、納得し堪能していただければ幸いである。そして心の中に沈潜する信仰世界のナビゲーターとして通読していただきたい。

またそうすることで、存在世界の頂点に一気に達する直観力により達成される信仰心が、いかに清純で熾烈なものであるかということに少しでも触れ、イスラーム信仰の極意を味わっていただければと願っている。それは世界最大の信徒数となりつつある宗教の内実を会得するという意味で、今後の世界を語るのに不可欠の素養にもなるであろう。

もちろん本書一冊でその大望のすべての実現を期待するわけではない。本書のメリットはそのような広大な目標に向かって、その全貌を一冊の手短な書籍のかたちで提示してあることである。当然、各論においてさらに詳しい説明が求められるであろうが、現状としては類書が僅少ということもあり、参考文献に記した四冊の拙著（『イスラーム信仰とアッラー』『イスラーム信仰とその基礎概念』『イスラームの精神世界――信仰の日々』『イスラームの善と悪』）が、至らないながら当面その空隙を埋めてくれることを期待する。

実際のところ、本書は右四冊を総覧するための簡潔なガイドとして起筆したという経緯もある。短いがゆえにポイントがより明確になり読みやすくなるという、それ独自の利点を発揮してくれれば幸いである。

そして本書がまとめであるということは、筆者にとってはこれが信仰世界の探訪という長い旅程の一応の終着駅であるということにもなる。このような背景を持つ本書の出版を引き受けてくださった明石書店に御礼を申し上げたい。

二〇一六年五月

水谷　周

イスラーム信仰概論 ◈ 目次

人はなぜ信仰を必要とするのか、それはどのようにして確立されるのかといった信仰原論は、イスラームと他宗教で共通していることが多い。なかでも絶対主をどのようにして見つけ確信するのかは、人生を左右する課題である。

第一章　信仰の原点

人はどうして信仰を持つのか、その出発点は何かという問いかけが、この章で取り上げるテーマである。イスラームはそれに対して極めて明瞭で簡潔な回答を示している。

〔1〕自然が信仰の原点

初めに信仰をめぐる老婆の話を紹介しよう。ムスリムの間では大変に流布されている逸話である。

著名な学者でファフル・アルディーン・アルラーズィー（没一二一〇年、アフガニスタンのヘラートで活躍）という人がいる。彼がある日、街の通りを多くの弟子に囲まれて歩いていたときのこと、一人の老婆が反対方向からやって来た。そこで弟子たちはその老婆に、「このお方は他の誰でもない、一〇〇〇と一のアッラー存在の証しを知っておられるアルラーズィー様だぞ、道を開けろ」と告げた。そうするとその老婆は、「一〇〇〇と一の疑いを持っていなければ、一〇〇〇と一の証しは必要ないはずだ」と返した。それを聞いたアルラーズィーは頷いて言った。「アッラーよ、真の信仰とはこの老婆の信仰です」と。

心から雑念を払って信じるところに、信仰の真髄があるということなのである。その意味では多くを語る必要がないともいえる。ところが同時にいろいろ思索を重ねる営みも人に与えられている能力である。またそうすることでいっそう信心が確かなものになることもある。それに迷いという悪魔に対しては、自らを「一〇〇〇と一の証し」で身を固めて立ち向かわなければならないかもしれない。そこで万人が老婆のような心境だけに浸っていることはできないということになる。

イスラームの発想としては、まず人の自然なあり方が信仰に向かうようになっているとされる。それを一番端的に示しているのが、天性（フィトラ）は不安を除去し安心をもたらす信仰に導き、それに随伴する天賦の心の静穏さ（サキーナ）が安寧に満ちた信仰心を育むという考え方である。(1)

クルアーンにいう。(2)

「それであなたはあなたの顔を純正な教えに、しっかり向けなさい。アッラーが人間に定められた天性に基づいて。」（ビザンチン章三〇：三〇）

預言者伝承（ハディース）にもいう。

「およそ子供は全て天性を持って生まれてこない者はない。しかしその両親がユダヤ教徒にしたり、キリスト教徒にしたりマニ教徒にするのである。(3)」

このような自然で純な天性を汚し歪める最大の原因は、人間の欲望であるとされる。

再び、クルアーンを見よう。

「いや、不義を行う者は知識もなく私利私欲に従う。アッラーが迷うに任せられた者を、誰が導けようか。かれらには救助者はないであろう。」（同前章三〇：二九）

この天性には虚空の空白部分があり、それを満たしたいという本能的な欲求を人間は持っている。しかしその虚空は、実験と帰納法に基づく科学や人的論理による哲学あるいは文化で埋めることはできないものであり、そこに信仰独自の役割があるとする。理性的な思索でかなわないことが、稲妻の一筋の光のような直観によって救われ、信仰は体得されるという。

ちなみに直観は以下のように説明される。

それはアッラーから来たと確信の持てる知識である[4]。

不可視の世界に属する信仰は、幻想ではない。それも人の天性の一部なのだ。可視世界は、聴覚、視覚、嗅覚、触覚、味覚の五覚によって認識する。しかし不可視世界のそれは、精神的鍛錬による。そのためには直観を働かせることとなる。信仰の真髄は、本能的直観により内在世界の頂点に達することである。つまりそれは、最も高貴な感性により、最頂点に達することなのである[5]。

またその虚空は、なぜ生きているのか、あるいは人生の目的は何かといった、存在についての人のあらゆる迷いと不安の源泉でもあるが、それらを克服したいという欲求が、心の静穏（サキーナ）を招来することになるという[6]。

こうして人は自ずと迷うし、迷えば信念やひいては信心を持ちたいとするが、それは天性に基づいているのである。同様に「サキーナ」の淵源も天賦そのものである。こうして天性を梃子として不安を払拭すべく自然に求めることとなる「サキーナ」と、同じく天性に基づく真の信仰は不即不離の関係となる。

〔2〕静穏（サキーナ）について

そこで次に「サキーナ」について詳しく見てみることとしたい。

それは古くより人に分別を教える光、活動する力、そして生命を吹き込む魂の三つをもたらすとされる。それを現代風に例えれば、試合に臨むときに選手が持つような、エネルギーに満ちてはいても落ち着いた心境にその具体例を見ることができるだろう。つまりそれは、夢や幻想ではなく現実の事象なのである。

こうして信仰と「サキーナ」は人の天性に基づいて育まれるのであり、したがって信仰は万人のものとなるのである。(7)

一方、人には喜怒哀楽など精神の様々な側面があるが、天啓によるものは「サキーナ」だけであり、それ以外は因果関係による後天的なものである点が大きく異なる。例えていえば、忍耐であれ愛情であれ、信者のあらゆる心境や感情は信仰の枝になる果実のようなものであり、「サキーナ」はそれら果実の付け根に当たるともいえよう。

ではどうしてそのような天性が人に賦与されることとなったのか。世の東西を問わずこの設問に人間自身が答えることは困難とされる。なぜならばそのように創るべき主が創られたから、としかいいようがないからである。

「**われ**は天と地、そしてその間にあるものを、いたずらに創らなかった。」（サード章三八：二七）

「**われ**は天と地を、そしてその間にあるすべてのものを、たわむれに創ったのではない。**われ**は、

天地とその間のすべてものを、ただ真理のために創った。だが、かれらの多くは理解しない。」（煙霧章四四：三八、三九）

以下は非常に詳論となるが、クルアーンで「サキーナ」を直接語った箇所として次のような五例がある。

①「その後アッラーは、使徒と信者たちの上に**かれ**の静穏（サキーナ）を下し、またあなたがたには見えなかったが、軍勢を遣わして不信心な者たちを懲罰された。」（悔悟章九：二六）

これは六三〇年、フナインの戦いと呼ばれるイスラーム初期のマッカ軍との戦闘の際に、劣勢にあった預言者ムハンマド側をアッラーが助力した際の光景である。敵軍にはこの天使の軍勢が見えたとされ、それにより勢いがひるんだのであった。一方信者には見えなくても、心は安堵感に満ちてその士気を強めた。それは「サキーナ」の効用とされる。

②「かれは同僚と二人で洞窟にいた時、その同僚に向かって、『心配してはならない。アッラーはわたしたちと共におられる。』と言った。その時、アッラーは**かれ**の静穏（サキーナ）を送られ、また見えない軍勢で強められた。」（同前章九：四〇）

これは預言者ムハンマドが、後に初代正統カリフになるアブー・バクルと共にマッカからマディーナへ聖遷する際、追っ手から逃れてマッカ郊外のサウル山の洞窟に隠れたときのことである。見えない天使の軍勢は恐怖心を抑えさせ、二人はまんじりともせずにやり過ごして、ようやく追っ手の目を逃れることができた。それほどに冷徹な状況判断の力を「サキーナ」が与えたということである。

③「**かれ**こそは、信者たちの心に静穏（サキーナ）を与え、かれらの信心の上に信心を加えられる方である。」（勝利章四八：四）

④「かれらがあの樹の下であなたに忠誠を誓った時、アッラーは信者たちに、ことの外御満悦であった。**かれ**はかれらが胸に抱くことを知り、かれらに静穏（サキーナ）を下し、手近な勝利をもって報われた。」（同前章四八：一八）

六二八年、フダイビーヤの誓約（「喜悦の誓約」とも呼ばれている）により信者たちの胸には信心の誠実さが満ちていることを知り、アッラーは「サキーナ」を送られた。この誓いのあった樹木とは桜の木だったとの伝えもある。いずれにしてもその木を聖視する慣習がはびこってからは、偶像崇拝に当たる逸脱であるとして伐採された。

⑤「あの時、不信心な者たちは、胸の中に慢心の念を燃やした。ジャーヒリーヤ（イスラーム以前の時代のような）無知による慢心である。それでアッラーは、使徒と信者の上に静穏（サキーナ）を下し、篤信と畏怖の御言葉を押し付けられた。」（同前章四八：二六）

「サキーナ」はいっそうの篤信と畏怖の心を植え付けることにより、使徒と信者の心を慢心の念から遠ざけられたのであった。「サキーナ」は不信と不信者を遠ざける効果もあるということになる。

以上の諸例をまとめると、「サキーナ」はただ静まり返るという意味での静けさではなく、常に動態に移行する活力を秘めており、周囲の状況を冷徹に知るための知力でもあり、真実に直結しそれに誠実たらんとする信心を増強させ、その真実で満ち足りるところから忍耐を生み出し、さらには不信と不信者を遠ざける働きをするものであるということになる。

「サキーナ」に関しては「天使に胸を開かれる」と題されてよく知られた預言者伝承があるので、その該当部分を記しておく。これは預言者自身が語った物語の一つとして記録に留められた(8)。

ある男がアッラーの御使いに、最初の奇跡的な体験はどのようなものだったかと尋ねると、御使いはこう答えられました。

「私は自分の乳母の息子と子羊を連れて出かけたが食べ物を持ってこなかったので、私は彼に『お母さんのところから食べ物を持って来て。』と頼みました。彼は去って行き、残った私のところに鷲のような白い二羽の鳥が近づいてきました。そして二羽は私を捕らえ、仰向けにして腹を割りました。それから心臓を取り出して、そこから黒い二つの凝血を取り出しました。一方の鳥が相手の鳥に、『雪水を持ってきなさい。』と言い、雪水で私の腹の中を洗いました。そしてさらに、『冷水を持ってきなさい。』と言い、冷水で私の心臓を洗いました。次に、『サキーナを持ってきなさい。』と言い、それを私の心臓の中に植え込みました。さらに『縫い合わせなさい。』と言うと相手の鳥は縫い合わせ、その上に預言者の印を押しました。」

さてこのような「サキーナ」をアラビア語のサイトで検索すると、膨大な情報がヒットする。その理由は、「サキーナ」がある種の信者の理想郷のように捉えられており、その心境を教育や政策の目標として掲げたいという気持ちが強く働いているからだと理解される。以下ではその一端を垣間見てみよう。

▪癒し系サイト

例えば、「魂の静穏」といったサイトのタイトルで数々の癒し系の言葉を掲載しているものもあれば、あるいはクルアーンで「サキーナ」の言葉が出てくる節を記憶させるための音声も入れたサイトも見られる。

▪教育系サイト

右記と同様、社会メディアによる児童教育のサイトには「サキーナ」を掲げたものが多く見られる。そこでは、安寧、安定、静寂、優しさ、安心、重厚さ、荘重さなどが「サキーナ」の内容であり、それらは、悲しさ、弱さ、反抗心などとは真逆であると諭されることとなる。

▪政治社会系サイト

サウジアラビアのテロ対策のため、宗教省指導の下で対話キャンペーンが推進されているが、その一環として「サキーナ・キャンペーン」という名称のサイトが運営されている。そこではテロ関連の情報が流されたり、イスラームの反テロリズムの立場が強調されたりしている。また緊張度が増すレバノン北部のトリポリ市を中心として政治団体が結成されたが、事態の平静化を狙って「イスラーム・サキーナ組織」という名称のサイトを立ち上げた。またアラブ世界における麻薬対策として、ＮＰＯにより「サキーナの家」という名称のサイトが立ち上げられている。そこでは麻薬常習者への指導に力が注がれているが、そのような脈絡で「サキーナ」が登場してくるのである。

なお信仰の原点として原初的な「サキーナ」は、仏教でいう涅槃寂静《ねはんじゃくじょう》と似ている印象を与えるかもしれない。静穏な心境という意味では酷似していることは確かだ。しかし涅槃は修行の賜物であり後天的な性格が強いとすれば、その点「サキーナ」は天賦なので峻別される。

また涅槃が仏教の修行の目標であるとすれば、「サキーナ」は目標ではなく誰にでも賦与される素質であるので、この点も異なっていることになる。もちろん仏教では、仏性《ぶっしょう》は誰にでも備わっているとされるので、それならば涅槃は誰でも達成可能な原理であるのだが、それほど悟りが誰にでも開かれるとはされていない。このように「サキーナ」の明確な位置づけに比べれば、涅槃と信者との関係はそれほど確定的ではないので、この点も異なるということになる。

ここまできて持たれる一つの疑問は、不安がないという意味の安心や、心のバランスを指す安寧という用語があるのに、どうして「サキーナ」が格別の存在として登場することになったのかという点である。もちろんそれは啓示が出発点ではあるが、他方そのように天啓だということのほかに、その存立基盤を確かめることはその理解をいっそう助けるだろう。

一番の大きな要因は、やはり信仰というものとまさに直結したかたちの平静さを独立した観念として求めるという心的、宗教的な需要があるということであろう。「サキーナ」は荘厳さを伴った平静さであり、それは現世的な諸価値を超越した感覚であろうし、より永劫性を感じさせるなど、格別であることにふさわしい実質を伴ったものとして提示されるのである。この点、やはり安心や安寧は、どこまでいってもこの世と関連する性格のものである。

また試合に臨む選手の心境として、活力に満ちてはいるが静寂さも伴っている例を本章の当初において言及したが、そのように現実の経験上も格別な平静さが存在することが知られているということも背景にあったのであろう。さらには結果として、誰しも授かるという「サキーナ」を導入することで、イスラーム信仰の万人性と世界性の基礎も確保されたといえよう。

ちなみに以上のような宗教的な要因ではなく言語的に見た場合にも、「サキーナ」は安心や安寧とは事情が異なっている。その語源はアラビア語ではなくて、ヘブライ語に言うシャヒーナ(*shakhina*)であるということだ。その意味は、アラビア語の「サキーナ」よりはシンプルだが、神聖な事柄についての静けさ、休息、神の出現のことであるとされる。(9)

〖3〗アッラーの覚知法

自然を信仰の原点に挙げるもう一つの論拠として、信仰の中心にあるアッラーの認識を達成するのは、自然美を称えることが一番だという見解がある。アッラーの認識のことは「覚知（マァリファ）」という格別の言葉で語られる。ではその覚知の方法としてはどのようなものがあるのだろうか。

理性的な覚知法

アッラーをしっかり明澄に認識し覚知する方法は、思考に依拠する理性的なものと、感性に依拠する感覚的なものとに大別される。そして前者については、筆者が種々の文献からまとめると以下の五つが枚挙される。

①自然美の称賛

自然界の広大にして微妙繊細な調和と規律に、不可思議さや驚愕を覚えない人はいないだろう。クルアーンにも、人がアッラーを覚知するのに格別の苦労はなく、その周囲に満ち溢れている自然界そのものが十分な証であると説いた箇所は多数ある。

「本当に天と地には、信者たちにとり種々の印がある。」（跪く時章四五：三）

「本当に天と地の創造、また夜と昼の交代の中には、思慮ある者への印がある。」（イムラーン家章三：一九〇）

次いで、少々長いが次の節を引用しておこう。

「誰が、天と地を創造したのか。また誰があなたがたのために、天から雨を降らせるのか。それで**われ**は、美しい果樹園を生い茂らせる。そこの樹木を成長させることは、あなたがたにはできない。アッラーと共に（それができる他の）神があろうか。……誰が、大地を不動の地となし、そこに川を設け、そこに山々を置いて安定させ、二つの海の間に隔壁を設けたのか。アッラーと共に（それができる他の）神があろうか。……苦難の際に祈る時、誰がそれに答えて災難を除き、あなたがたを地上の後継者とするのか。アッラーと共に（それができる他の）神があろうか。だがあなたがたは、少しも留意することがない。陸と海の暗黒の中で、あなたがたを導くのは誰か、また慈悲の前兆の吉報として、風を送るのは誰か。アッラーと共に、（それができる他の）神があろうか。……創造をなし、それからそれを繰り返し、天と地からあなたがたを扶養するのは誰か。アッラーと共に（それができる他の）神があろうか。言ってやるがいい。「あなたがたが真実を語っているというのなら、その証拠を出しなさい。」」（蟻章二七：六〇―六四）

しかし不可思議にして無限の自然界を目の当たりにしても、なお創造主の存在を信じることに反対する見解も出されてきた。

その第一は、前提として創造主など存在しなくて、そもそもは何もないところから物事は生じたという発想である。しかしこれは無が有を生む、あるいは無が有の原因となると言っているのに等しく、それには無理があると反論される。

「かれらは無から創られたのか。それともかれら自身が創造者なのか。それともかれらが、天と地を創造したのか。いや、かれらにはしっかりした信仰がないのである。」（山章五二：三五、三六）

次に第二の反論は、創造主の働きではなく、自然界の全存在は偶然に出来上がったというものである。偶然性がこの万有の存在原因であるというのである。宇宙全体の均衡と継続を生み出したのが偶然であったとは、どのような論拠によるものであろうか。

偶然でなければ、それは有意な所業であるということになる。何らかの意思が働いていた結果であるということであり、その意思の主をアッラーと呼ぶことになる。

②天性（フィトラ）はアッラーの証

天性の存在もアッラー存在の証と見られると同時に、この天性でもってアッラーの存在を覚知するに十分だというのである。

「人々（不信心者たち）が苦難にあったときは、横たわり、あるいは座り、あるいは立っていても（どんな状態の下でも）**われ**を呼ぶ。」（ユーヌス章一〇：一二）

つまり格別教えられなくても、人は超越した存在であるアッラーを呼ぶというのである。

③人の生涯の不可思議さはアッラーの証

人の生涯には、様々なことが起こる。予期したこと、予期しなかったこと、好ましいこと、好ましくないことなどなど、実にそれは万華鏡を覗くようだ。これらの諸経験の堆積がいかにも不可思議な糸でつながれていることを落ち着いて素直に顧みるとき、その人をしてアッラーの存在の真理に導くのである。

人の生涯の道程をよく顧みる人は、アッラーの絶大な力と深謀配慮に納得させられることとなる。

④信者への導きはアッラーの証

次にアッラー存在の証となるのは、信者はそうでない人たちよりも、知識欲、礼儀作法、心の清純さ、善良さ、犠牲心、物事に対する熱心さ、人に対する奉仕や同胞心などの諸点で、優れた人柄と気性の人となるということがある。

そこにアッラーの存在に気づかせられるのである。信者はその綱にすがって引かれて、そしてその結果、言動において、不信者とあるいは不信であった当時の自分とは、明らかな違いを見せ始めるのである。

「これらの信仰した者たちは、アッラーを唱念し、心の安らぎを得る。アッラーを唱念することにより、心の安らぎが得られないはずがないのである。」（雷電章一三：二八）

「アッラーが胸を開きイスラームとし、主からの御光を受けた者が（そうでない者と）同じであろうか。災いなるかな、アッラーの啓示を頑なに拒む者こそ、明らかに心迷える者である。」（集団章三九：二二）

「どんな災厄も、アッラーのお許しなく起きることはない。誰でもアッラーを信仰する者は、その心を導かれよう。本当にアッラーはすべてのことに通暁なされる。」（騙し合い章六四：一一）

⑤諸預言者への啓示はアッラーの証

選ばれた人たちである諸預言者たちは、アーダム（アダム）の時代からムハンマドの時代に至るまで、一貫して人々にこの存在世界には称賛すべきアッラーがおられることを教え諭してきた。このように多数の民族にそれぞれの預言者が遣わせられてきたこと自体も驚くべきことで、それはアッラーの差配によっている。しかも彼らには、その預言者という名称が示すように、アッラーの言葉を預けられたのであった。

「アッラーが、人間に（直接）語りかけることはない。啓示によるか、帳の陰から、または使徒（天使）を遣わし、**かれ**が命令を下して、そのお望みを明かす。本当に**かれ**は、至高にして英明で

あられる。」（相談章四二：五一）

この節から、天啓には三種類あると解釈される。

第一は、人の心にアッラーが投げかけられる覚醒や示唆の類である。これは聞こえる言葉はなくて、例えば預言者イブラーヒーム（アブラハム）が、息子イスマーイールが犠牲に付される夢を見たようなものである。これが右の節の、「啓示によるか」というところに相当している。

第二は、見ることはないが、聞くことができるアッラーからの声である。この種のものは、預言者ムーサー（モーゼ）が多く聞いている。右の節の、「帳の陰から」というところに相当する。

第三は、姿も見えて声も聞こえる天使を遣わされて伝えられる、アッラーの言葉であるが、天使ジブリールが預言者ムハンマドに伝え降ろした啓示がこれである。右の節の、「または使徒（天使）を遣わし、彼が命令を下して、そのお望みを明かす」の部分に相当する。ヌーフ（ノア）、イブラーヒーム、イスマーイール、ヤアコーブ、イーサー（イエス）、アイユーブ（ヨブ）、ユーヌス、ハールーン（アロン）、スライマーン、ダーウード（ダビデ）ら、多くの預言者への啓示はすべてこれである。（婦人章四：一六三参照）

以上の五つの覚知法が、理性を働かせることでアッラーの存在を認識し、確認する方法である。

感覚的な覚知法

次に感覚的な覚知法である。アッラーの九九の美称といわれる称賛のための名称があるが、これはそれらを唱念し心で玩味することでアッラーの偉大さや素晴らしさを感得するという手法である。もちろんここではそれらの美称を一つずつ、すべて詳述することは難しいため、その全体の概要を説明することにしたい。それはすなわち人の自然な感覚に訴えるという意味で、やはり信仰の原点を自然さに求めるという点で通低しているものがあるといえよう。(10)

すべての美称は本質を臨むために設けられた小窓のようなものであり、意識を俊敏にしてアッラーの威光を眼前にしようとするときに、その前に視野が開かれることとなるのである。クルアーンからいくつか引用する。

「言ってやるがいい。『アッラーに祈れ。慈悲深い御方に祈りなさい。どの御名で**かれ**に祈ろうとも、最も美しい御名は、すべて**かれ**に属する。』」（夜の旅章一七：一一〇）

「アッラー、**かれ**の他に神はないのである。最も美しい御名は**かれ**に属する。」（ター・ハー章二〇：八）

「それであなたの主の御名を唱念し、精魂を傾けて**かれ**に仕えなさい。」（衣を纏う者章七三：八）

九九の根拠は、真正なものとして伝えられる預言者伝承にある。

「アッラーには、九九の名称があり、それらを数えた者は天国に入ることとなる。」

この伝承自体は最も信頼度の高いアルブハーリー（没八七〇年）およびムスリム（没八七五年）らの伝承学者が、ムスリム第一世代のアブー・フライラから伝えている。(11)そして実際に九九の名称をすべて整えて提示したのは、中央アジアの伝承学者アルティルミズィー（没八九二年）が初めであった。(12)

その美称は、内容的に主として八種類に分類される[13]。そのうち①～⑥は、クルアーンに直接出てくる美称である。また最初に出てくる美称「アッラー」は、自らの本体を指し示しているのであり、それは他の例のように属性を示したものではない唯一の美称として別格扱いされ、したがって左の分類には入っていない。

①本質関連：神聖者、真理者、永生者、自存者、唯一者、永遠者、始原者、最終者、富裕者

②創造：造形者、生成者、創造者、独創者

③慈愛：慈愛あまねき者、慈悲深き者、平安者、信仰を与える者、赦す者、恩寵者、糧を与える者、繊細者、優しき者、恕免《じょめん》者、感謝者、広大無限者、愛情者、美徳者、免ずる者、寛恕《かんじょ》者、慈愛者

④荘厳：比類なき強者、制圧者、偉大者、征服者、無限大者、至高者、至大者、寛大者、荘厳者、強力者、強固者、被称賛者、顕現者、超越者、尊厳と恩寵の主

⑤全知：保護者、全知者、全聴者、全視者、知悉《ちしつ》者、監視者、英知者、目撃者、内奥者

⑥全能：主権者、開示者、裁定者、護持者、扶養者、決算者、代理者、援護者、全能者、統治者、権能者、優先者、復讐者

⑦クルアーンから派生（アッラーの行為や性質）：掌握者、拡張者、上げる者、称える者、辱める者、応答者、復活者、計算者、開始者、再生者、生を与える者、死を与える者、高貴者、大権主、集合者、供与者、禁止者、先導者、永続者、相続者

⑧クルアーンから派生（アッラーに関する意味・含蓄の言及）：下げる者、正義者、尊厳者、発見者、猶予者、公正者、加害者、裨益《ひえき》者、光者、善導者、忍耐者

ここで美称に関して、いくつか注意すべき事項がある。まず九九の美称があるといっても、それらの名称は結局ある一つの存在を指しているものであり、別々にあるのではないということである。この美称全体としての単一性（タウヒード・アルアスマー・ワ・アルスィファート）は、アッラーに関する絶対神として（ウルーヒーヤ）の単一性、信者にとっての主として（ルブービーヤ）の単一性と並ぶ、第三の単一性として位置づけられる。なおアッラーの単一性自体は、次章で取り上げる。

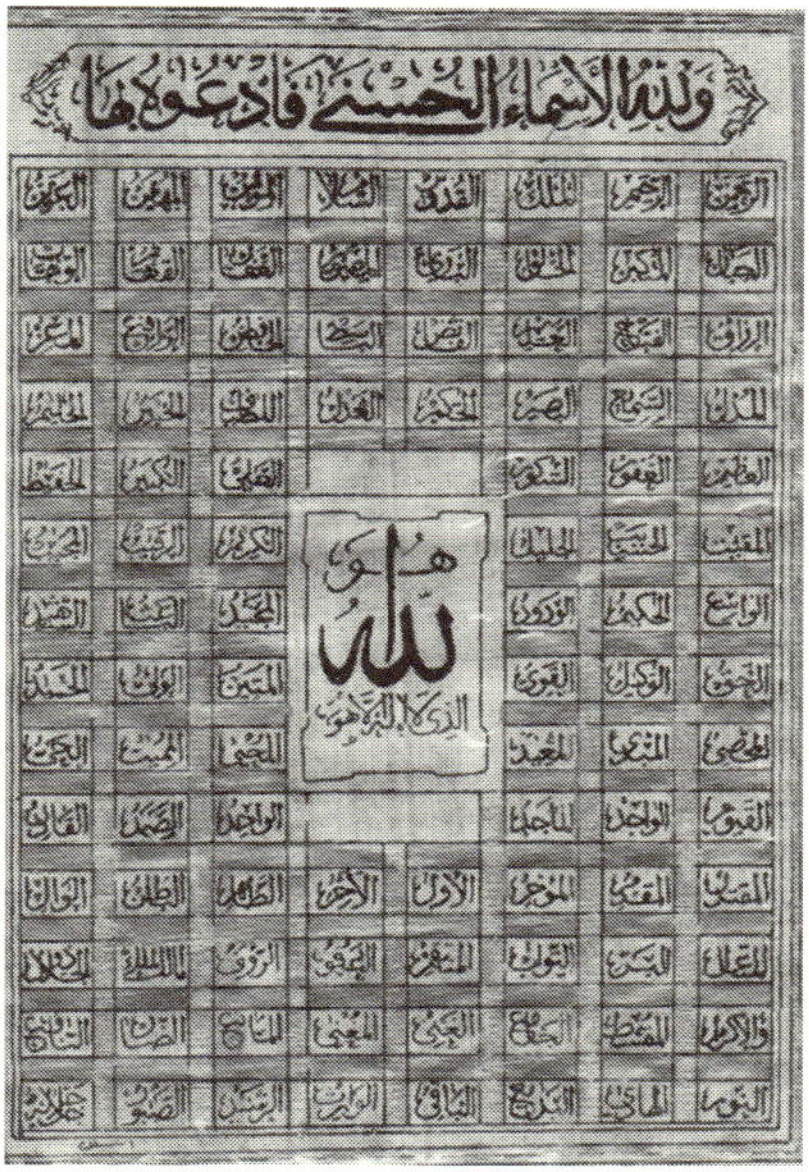

アッラー 99 の美称

次に留意するのは、美称はそれで打ち止め（タウキーフィー）であるという点である。つまりそれ以上に増やすこともありえず、それ以下に減ずることもありえないということ。人にアッラーの名称を新たに考案するほどの力は与えられていないと観念する必要があるのである。

「またあなたは、自分の知識のないことに従ってはならない。本当に聴覚、視覚、また心の働きの凡てが（審判の日において）尋問されるであろう。」（夜の旅章一七：三六）

「本当にわたしの主が禁じられたことは、……アッラーに就いて、あなたがたが知らないことを語ることである。」（高壁章七：三三）

他方でアッラーを称賛する用語は本来、九九に限定されるわけではないことも留意しておきたい。アッラーが広大無限である以上、美称の数は無限であると解される。そのうち人に教えられた名称として、九九あるという理解である。ちなみにすでに引用した預言者伝承にあるように、九九という数字は無限を示唆させるために預言者ムハンマドによって言及されたものであった。

次の留意点は、美称を数える、理解する、記憶する、とは、その発音と意味を了解した上に、その美称でアッラーに呼びかけて祈願するまでのプロセスを指しているという点である。ただ闇雲に美称そのものを羅列して、暗記することだけが勧奨されているのでない。

さらに、歴史上、イスラームの学者によってこの九九の美称のまとめ方や、選び方が異なってきたということがある。アルファベット順にして並べる方法もある。また預言者伝承に異なる文言がある場合、クルアーンではなくそれら伝承に根拠を置く美称に関しては、差異が生じてきたのであった。本書では、アルティルミズィーが提示した美称名をそのまま典拠としたが、それが原型であったという意味での説得力はあるといえよう。そのように格付けをして、アラブの多くの文献で扱われている。美称を伴って祈願するときには、いくつかの美称をその人の考えにより組み合わせて言及することは有効であり、アッラーはそれを好ましく見られるとされる。

ただし、たとえクルアーンに出てくるアッラーの行為でも、美称とされていない様々な良くない行いで、勝手に命名して呼びかけるのは間違いである。つまりアッラーは（どんな悪人よりも巧みに）悪巧み、（不信者を）裏切り、（導くかどうかは自由裁量であり、時には）誤道の案内などをするとクルアーンに出てくる。しかしそれらは美称には入っていないのである。

アッラーの不信仰者に対する反発、懲罰、苦痛などを、人を罵るために口走るのも同様に間違いである。これらの悪の言葉はクルアーンでは、その反対である善の内容を確認し保証するために言及されているに過ぎないと解釈するのである。

大半の美称は、その呼称からして意味は判然としている。またそうあってこそ、アッラーを覚知するのを助けるための小窓の役目を果たすことになる。ただしいくつかは、かなり慎重に美称の意味するところを汲む必要もある。例えば、感謝者はアッラーにおいては、帰依する人を称えて報奨や恩寵を与えられることである。あるいは、美徳者はアッラーにおいては、帰依する人に一〇倍の報奨を与えて、赦しを乞う者を免じて赦されることを指している。このように人間についての場合とは異なる意義を与えられることもあり、そのような場合にはアッラーとしての意味合いを捉える必要がある。

以上で美称全体に関する注意事項を述べたので、後は一つ一つを丁寧に吟味し、消化していくことが望まれる。また急ぐ心で読み進めるのは、得るところが少ない。二、三の類似した美称がある場合が多いので、それらをひとまとめに見るのも、比較のためには有益だろう。このようにすべての美称をそれぞれ丁寧に見ようという作業は、イスラームを語りアッラーを知る上で当然の準備作業なのだが、日本語文献ではほとんど着手されてきていない。

〔4〕イスラーム以外でも

前節まででイスラームにおける信仰の源泉についての議論はほぼ把握できたかと思われる。しかしあまりにイスラーム固有の話ばかりが続くと少々辟易《へきえき》させられて、イスラーム内ではそうであろう、といった調子で心理的に拒否反応が出る恐れがあるかもしれない。だがこれらは決してイスラームだけの問題ではなく、実は一般論的にも十分支持される内容であることをここで示しておきたい。この節は、いわばイスラーム固有の議論からの小休止である。

そのために、宗教学、中でも仏教学の碩学とみなされる鈴木大拙《だいせつ》の所説を見てみたい。イスラームでは、天性（フィトラ）とそこにある空白部分を埋めたいという人の性向を介して人間が自然に求める信仰心について陳述してきた。鈴木の所説からはほぼ同類の内容が、まったく別の視点から改めて力説されている様子を見ることができるのである。

人がなぜ宗教を必要とするのか、その意味で信仰とは何かについて彼は次のように述べている。以下では原文を読みやすく理解しやすくするために、筆者が現代文に書き改めて記したことを断っておく(14)。

人が生きるということは、悩みに満ちた営みである。言い換えれば、存在すること自体が悩みなのである。その理由は、人は今の自分以外を求める能力が授けられているからである。それは理想かもしれないし、幻想と呼ばれるものかもしれない。いずれも現実とは異なる姿である。

もっと有名になりたい、豊かになりたい、美しくなりたい、勉学に秀でたいなどなど、人の願望あるいは欲望は尽きない。ところが他方では、それらはその時点では非現実であるから、現実との間に自然と差異があり、それが対立や矛盾ともなる。この矛盾が悩みの原因となる。そこで人は必然的に悩む存在である。それを称して、人は試練を受けるともいえるし、あるいは人には業《ごう》があるとも言いうる。その試練は他者や周囲の環境との関係であるかもしれないし、あるいは自分自身の活動範囲に限られたものかもしれない。

この絶えることのない深い悩みは、個別の解決策で対処するのは不可能である。なぜならば、この種の悩みは限りないからである。一つが済めば、次が出てくることとなる。だからそれは人の業なのである。

この本源的な悩みに対する解決策は一つしかない。それは矛盾自体を包摂しつつ、全体を受け入れる理解と信念を確立することにある。それは宗教により異なる表現がなされている。悟りを開く、救済される、あるいは安心立命を得るともいえる。無や空を覚知するともいえる（筆者注：イスラームなら初めも終わりもないアッラーがすべてであることを知り、アッラーに全面依拠し、帰順するということ）。

具象的な説明としては、樹木は静かになろうとするが風やまず、そこで樹木も風も合わせ受け入れるといった描写が飲み込みを少しは容易にするかもしれない。こうして人が宗教を必要とする理由は明らかである。誰であれ万人がそれを求める権利と能力が与えられているのである。そのように人は創られているのである。

鈴木の見解を敷衍すれば、こうもいえよう。信心を得た人の姿は、至らぬ自分を反省し悔悟するものである。だがそれは諦めるといった沈んだ気持ちではなく、新たな活力の誕生なのである。心は晴れて、自分の所在は白日の下で赤裸々に明らかとなっているのである。それ以上でもそれ以下でもない。日々是好日であり、迷いや憂いが霧散して一段の高みに立っているので、生また楽しからんということになる。

こうして見ると、いかにイスラームのいっていることと重なっているかが、歴然としているのである。人は試練を受けることを目的として創造された。それは善しかなしえない天使よりもこの地上で高く扱われる存在である。

試練を受けるのは「空白」を埋めようとする要求かもしれないし、現実と理想の間のギャップを埋めようとする人の要請かもしれない。それは人であることと同義であるし、それを回避することはできないのである。そしてその挙句は信仰へと導かれるという結論が待っている、とされるのである。

そのような結論を素直に受け入れ、それに従順であればあるほど救われるし、そうすることで心の安寧が得られるとする点も異口同音といえる。イスラームにはそれ固有の表現方法や術語があるのは当然としても、紀元前六世紀の釈迦と紀元後七世紀のムハンマドが時空を超えて酷似した教説を唱えていたことになる。これもイスラーム流にいうならば、驚嘆すべきことであり、各民族にアッラーは預言者を遣わせて啓示されたという筋書きに沿ったシナリオになっているのである。自然と芽生える信仰心こそは重要であり、それこそがイスラームの真髄であるとの表現はクルアーンにも様々に登場している。

「旅（巡礼）の準備をしなさい。だが最も優れた準備は篤信の念である。あなたがた思慮ある者よ、**われ**を畏れなさい。」（雌牛章二：一九七）

そして篤信の人からは言葉ではなく、オーラが出ているといわれる。

信仰は単に口先の問題ではなく、太陽が光を放ちバラが香りを蒔くように、篤信が心に満たされ、その様が傍目にも分かるようになる。アッラーと預言者ムハンマドに対する愛情は強まり、それはその人の言動すべてに溢れ出てくることとなる。それは同時にアッラーに対する畏怖心でもある。(15)

〔5〕信仰の意義とその広狭

イスラーム信仰の出発点は人の自然にあると説かれていることについて、ここまでその概略を明らかにしてきた。それは同時に、信仰とは何かということを必然的に考えることでもあった。本節ではその意義を改めて確認しておきたい。次いでその信仰という用語には、イスラームでは広義の場合と狭義の場合があることも見ることとする。

イスラーム信仰の説明として広く受け入れられているものに、次の言葉がある。

信仰とは真実であると信じ、自らの言動を信心に即したものとすること。(16)

あるいは次のような表現もある。

信仰とは人と信心の対象との間の精神的な関係を信頼し、その関係に何らかの聖性を認めること。そこには一切の疑念は生じない。またたとえその人に危害が生じてもバランスを保ったためのものとしてその人に受け入れられて、その受諾は善行となる。(17)

さらに信仰の持つ影響も合わせて考慮して、少し長くなるが以下のような筆者の言い方も可能と思われる。

信仰は生存に内在する悩みや不可解さを前にして、霊的に一段越えた高みに立たせてくれる心身上の営みである。全存在の哲理を天性の直観で察知し、またそれが真実（アッラーと呼ばれる）であると信じることで信仰が確立され、もって人は不安を払拭して安心を得る。その心には「サキーナ」が訪れるが、それがなければ信仰は不確かとなり心のバランスを失う、つまり安寧を失うこととなる。こうしていつも拘泥させせられていた目先の事柄からは解放され、それまでの価値観は昇華され、別次元の心の構成を達成することとなる。

最後に、日本における一般的な理解を見ておくことも、意味があるかもしれない。

〈信仰とは〉献身の意味を含み、誠心を捧げて信ずるという意味であり、信ずる対象は日常事や俗事ではなくて、次元の高い神の事である。(18)

なお同じ信仰という用語を使っていても、次のようにイスラーム信仰の三段階論ではもっと限定された意味内容となっている。

この三段階とは、次のように説かれる。第一には、言動で教義に則ること（イスラームと言われる）。次には内心の問題として信仰箇条をしっかり確立し、それを順守すること（信仰を意味するイーマーンの用語で呼ばれる）。これが狭義の信仰といわれている部分である。第三には、信心に基づきあらゆる善行を積むと同時に、常にアッラーを身近に感じる最も敬虔な段階（イフサーンと称される）。これが最も熟した完成度の高い信心のあり方として位置づけられる。預言者伝承に次のようにある。

「『イフサーン（善行三昧）について述べよ』と問われたのに対し、預言者ムハンマドは答えて言った、『あたかも目前に座すかのようにアッラーを崇めることです。あなたにアッラーのお姿を拝することが出来なくても、アッラーはあなたを見ておいでになるからです。』」と。[19]

このように限定された意味で信仰（イーマーン）の言葉が用いられる場合はあまり多くはないが、一応心しておく必要はあるので紹介した。

さて、本論へ戻って信仰とは何なのかという問いであるが、その問いかけは結局のところ「信ずる対象」であり、あるいは信ずべき「真実、真理」と称されるものは何を指しているのか、という疑問に帰着するともいえることが分かる。これが、次章の問いでありテーマである。

第二章　信仰箇条

どの宗教でも信仰内容の中核は教義としてまとめられる。イスラームでは六ヶ条にまとめられ、他方で信徒の務めである勤行は五行としてまとめられる。信仰箇条の中心は、アッラーの唯一性と絶対性のゆるぎない認知にある。

信じる対象の要点をまとめたものは、信仰箇条と呼ばれる。イスラームでは六個の事項があるので、六信ともいわれる。その中でもアッラーが単一であり、それ以外の神は認めないという項目は、イスラーム全体の中核となる重いものである。それは入信の際に宣言する、二つの事項の前半分を占めているほどだ。残る半分は、預言者ムハンマドは最後の預言者であるという常套句である。

このアッラーの単一性と表裏一体だが、アッラーに並置するような崇拝の対象を認めない考えが極めて重視される。本章ではそれらの両者を、それぞれ細かく見ることとする。

【1】イスラームの信仰箇条

それでは何を対象として真理であると信じるのであろうか。どの宗教にも適用される一般的な見方としては、次のような表現が流布している。

宗教とは宇宙とそこでの適切な生活に関する理解の仕方であり、それは自然界を越える単数か複数の神、または絶対主、あるいは超絶した秩序やプロセスに関連づけられることとなる。(1)

さらにこの絶対主については次のようにも述べられている。

究極者、究極の真実、絶対の真実、真理、超越者、神性者、神聖者、永久者、永劫者などとされるが、自分が好むのは、……アラビア語の真実（ハック）にほぼ相当する、超越者か究極者、さらには真理という用語である。(2)

右の表現は、いずれの宗教もほぼその構造は酷似しているとして世界を風靡した宗教多元主義のものであるが、それはイギリス人宗教学者ヒックスが提唱したものであった。主要な宗教はすべて考慮に入れるという立場からして、当然イスラームにも視野は及んでいる。

さてイスラームの教義上、真理あるいは真実であるとして信ずべき具体的な信仰箇条としては、通常以下の六ヶ条にまとめられる。それはイスラーム神学の主要な課題として詳細に議論されてきたし、日本でもイスラームを紹介する本には必ず出てくる事項であるので、すでに周知となっているものであろう。(3)

第一　アッラーの絶対的支配（唯一にして永遠なる存在）
第二　見えない世界の存在（天使、悪魔、魂など）
第三　諸啓典（クルアーンは最後のもの）
第四　諸預言者（アーダムから始まり、ムハンマドは最後の預言者）
第五　最後の日のあること（最後の審判が行われる）
第六　定命のあること（アッラーの深慮と計画）

これが六信と呼ばれるものである。しかし第二から第六までの項目はすべてアッラーの力にかかるので、その意味で第一のアッラーの項目は比べようもなく大きく、これら諸項目の比重は同等ではない。

アッラーの覚知論については前章で一応詳述したが、どうも日本人は、いきなりアッラーを何かとんでもない超能力者として考えて、飲み込みにくいとされる。そこでむしろ同じことを逆にとらえて、非常に不可思議な宇宙全体が実在することを誰しも知っているとすれば、それを指してアッラーと呼称していると見なす方が素直に飲み込めそうだ。

第二の信仰箇条で、人間に見えない世界があることを信じるという点は、現代の科学と完全に一致する。宇宙論では人の目に見える物質は全体のせいぜい四%にすぎず、七〇%に関しては、存在は知られていてもそれが何かがまだ確かめられない物質だそうだ。二〇%余りは、放射線のように正体が確認されてはいるが、人の目には見えない存在ということである。

見えない存在としては、天使や悪魔への言及はクルアーンに多数ある。また魂は、クルアーンの中で一〇ヶ所において登場するが、それは自明なこととして存否に関する議論は行われなかった。「**われ**はかれ（人間）を形作った。それから**われ**の霊をかれに吹き込んだ時、あなたがた（天使）はかれにサジダしなさい。」（アル・ヒジュル章一五：二九）（筆者注：サジダは頭を地に着けて行うかたちの礼拝）

ただしその魂も死ぬのか、あるいは復活の日までの間の魂の居場所はどこかなど、細かくは異

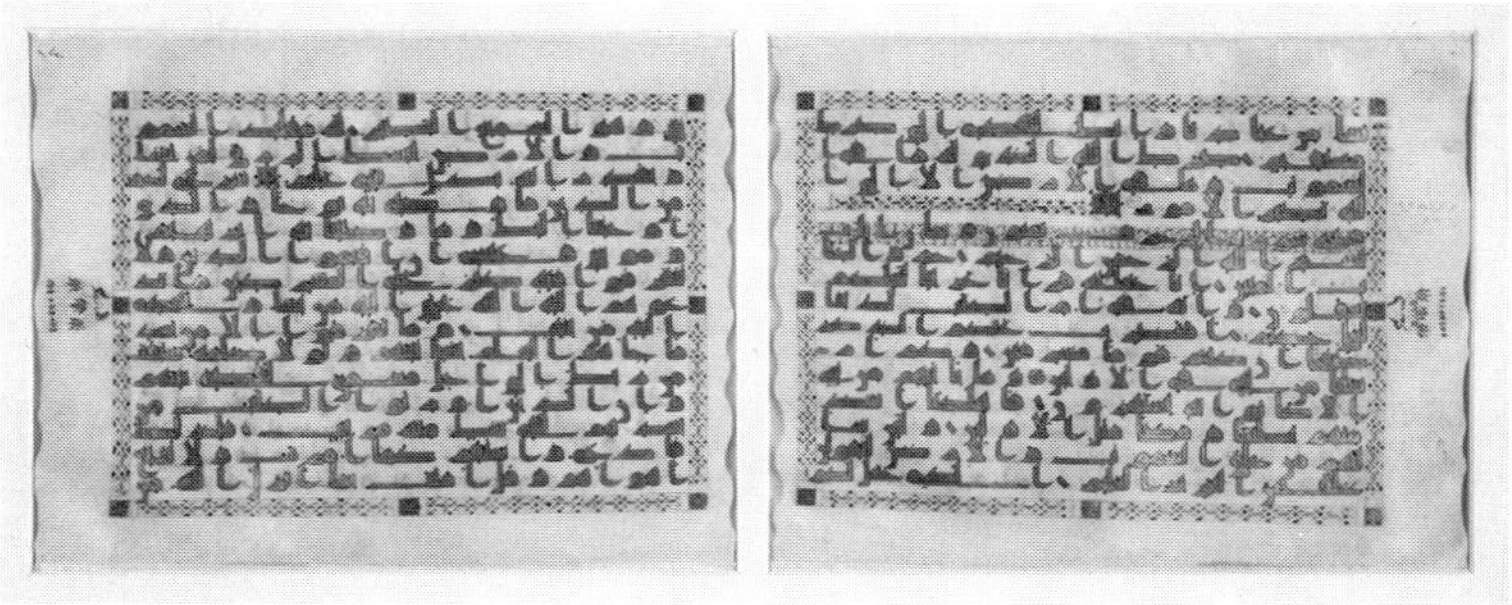

クルアーン

説ふんぷんであった。信者の魂は天国に行くという説もあれば、墓の空間にいるがそれは墓の入り口近くだという説、水場に集合するという説、地上に集合するという説、信者の魂は第一天にいるアーダムの右側に、非信者のそれは左側にいるという説、この世とあの世の中間にある障壁（バルザフ）にいるという説など様々な説が唱えられている。一方、魂は復活に際して、それが宿っていた肉体に戻されるとする点では諸説を通して一致している[4]。

第三の諸啓典については、クルアーンにはザブール（預言者ダーウードに与えられた書または一般に啓示の書の意味）、トーラー（預言者ムーサーに与えられた旧約聖書）、インジール（預言者イーサーに与えられた福音・新約聖書）、それとクルアーン自身の合計四冊が挙げられているだけだ。ただし啓示の書の原型は、「母典」として天国にあるとされる（雷電章一三：三九、金の装飾章四三：四）。

また第四の諸預言者に関しては、各民族に遣わせられたということで、最後の預言者ムハンマドの時代までに約一〇〇〇〇名いたと伝えられ、クルアーンに登場するのは二五名ほどである。

第五の最後の日の情景はクルアーンの中でも「人間が飛散する蛾のようになる日、また山々が、すかれた羊毛のようになる（日）」（恐れおののく章一〇一：四、五）として、形容豊かに描写され、その凄まじさは想像を絶するというべきだ。一方、巡礼の頂点を迎える巡礼月九日午後に集合するアラファートの丘の様子は、全員白装束であり、これは最後の日と審判の様を彷彿とさせるものだとされている。

なお天国と地獄の様子もクルアーン中に手に取るように豊かに表現されている。天国は永遠の快楽の国ではあるが、川や緑の樹木などすべての表現は具象的に行われている。しかしながら解釈としては、それらは比喩的に理解されるべきだとされる。

最後の第六は文字通り、運命が定まっていることの認識である。歴史上も哲学的に争われてきたもので、大きな運命は定まっているが、小さな日々の事柄には人の自由裁量がありうるとして区別して理解するのが大勢である。

信仰箇条は神学の分野で扱われるが、ここでそれに隣接するものとして、イスラーム法学や倫理道徳論についても説明を追加しておきたい。そうすることで、関連諸学の全体像が把握できるからだ。[5]

信仰の行動と実践の面で要求される事柄は、心や言葉の面と同様に信者の日常生活全般にわたる。その中でも勤行として求められる儀礼は五行としてまとめられる。それはイスラーム法学の一翼をなしており、しばしば日本でも紹介されてきている。すなわち次の通りである。

第一　信仰告白（二名以上の証人を立てて、アッラー以外に神はなく、ムハンマドはその最後の預言者である旨を表明する、入信の際に唱える言葉）
第二　礼拝（日に五回。これは義務的な回数だが、以下も義務的回数を示す。これ以外にも祝祭日や葬儀の礼拝、あるいは随意の礼拝などもある）
第三　喜捨（年に一回）
第四　断食（年に一ヶ月間）
第五　巡礼（一生に一回）

例えば巡礼は前後数日を要する諸儀礼の連続だが、巡礼の柱と呼ばれるいくつかの最重要な部分が実施できなければその年の巡礼は無効になる。そこで相当綿密な規定が法学には求められることとなる。一方、巡礼は苦行であることは間違いないが、いずれまた来たいという願望を多くの巡礼者は実感として持つこととなるのである。

喜捨は所得のどの程度を拠出すべきかなど、学派によって異なる数字も存在するが、自分が支持する学派の説に従うこととなる。断食は誰しも苦痛にしている様子はなく、喜々としているのが率直なところである。こうして五行はいずれも苦しさではなく、誇りと歓喜に満ちた勤行なのである。

これらの帰依の行為はイスラーム法学中の神事として扱われる。他方法学の他の分野は人事関係で、統治法、刑法、国際法などの公権力関係法と身分法、相続法、取引法などの非公権力関係法で構成されている。

日本では宗教儀礼に従うことは、抹香臭いとして暗いイメージがあるかもしれない。しかしイスラームには、そのような暗さはない。なぜなら以上のような信仰箇条に従うことの最大の報奨として、最後の審判で選ばれて天国行きが可能となるからである。そうでなければ罰として、永劫の地獄への道が待っているのである。

そこで人の現世での務めは篤信であることであり、人の生涯全体が試練の場であるということになるのである。だがそれは何も暗い気分のものではなく、沈着冷静ながらも希望と活力に満ちた、真に正しい生活が維持されている状態であり、それは喜びである。また地獄でも悔悟に努めれば、天国に行くことが赦されることもなくはない。

筆者が見るところ、このイスラームの明るさと積極性は、人は過ちを犯しても素直に反省すれば赦されるし、そこからまた新たな決意と篤信の道が開かれていることに端を発するものである。アーダムとハウワー（イブ）も果実を手にして天国を追われるが、激しく悔悟して最後は赦され一緒に巡礼を果たすというのが、イスラームのハッピー・エンディングな物語である。さらにはムスリム同士の親近感や相互扶助の強調なども、短い一生ではあるが生活を充実すべしとの気持ちを支えるものである。自殺は禁止されており、事実それは僅少である。

またここで十分に付け加えなければならないのは、信仰という基盤の上には人の道を示す倫理道徳の世界が開けているということである。慈悲の心を持ち、正直であり、忍耐強くするなど、美徳はいろいろある。また妬み心や不正など悪徳も列挙される。この分野は法学や神学ほどには内容が

固定化されておらず、徳目の項目などその実際の内容は、論者により異なるという柔軟性が見られる。(6)

この倫理道徳の長い伝統は法学と神学をも囲い込むものである。倫理抜きの法学や神学がありえないのは自明の原理であろう。またそれがイスラーム信仰と不即不離の関係にあることについて法学や神学にまったく引けをとらないこともいうまでもない。そのような事情は、イスラーム諸国の児童用の教科書などを見ても歴然としている。多様な逸話や史実を例にとりながら、まず説かれるのはイスラームの善悪の別であり、倫理道徳の世界なのである。それは広義の信心の不可欠な一側面であり、本書の第四章において取り上げるテーマとなる。

〔2〕アッラーの単一性（タウヒード）

六つの信仰箇条が単純な羅列でないことは明らかであり、その中核はアッラーと称される絶対主の存在とその統治の認識である。またその真実をしっかり覚知することに尽きるとするのがイスラームであるといっても過言ではない。その中でアッラーに関しては、しきりにその単一性（タウヒード）ということが強調されてきたので、本節ではその点について詳述する。

まず単一であることを覚知の中軸に置く必要がある。それが、一神教と称される内容の真骨頂である。それは多神教や偶像、あるいはその疑いのあるものすべての徹底した排斥である。イスラームは当初そのような邪教に囲まれていた上に、アッラーというとてつもない存在の全体を直観で鋭く統一的に把握することが容易でないため、えてして凡人はその部分々々を分割しがちだという事情が、時代にかかわらずその背景としてあることも看過できない。

この強烈な要請は裏返しとして、単一性を冒すものあるいはその可能性のあるものを徹底的に洗い出すための、並置（シルク）論を厳密に進めることにもなった。(7)

タウヒードとは辞書的には、統一する、あるいは単一化する、という意味であるが、イスラーム信仰上の意味内容としては、ほぼ以下のように説明されるのが通例である。それはその意義を大きく三つの側面に分けて捉えるのであるが、初めにいってしまうと、その三側面の中でも最初のものが、全体の中心をなしているといえる。

第一の側面は、アッラーは万有の創造主として単一であるということ。これは主（ラッブ）からの派生語と組み合わせて、タウヒード・アルルブービーヤと呼ばれる。アッラーはすべてを創造され、すべてを所有され、生かし殺され、益し害され、全能であられると信奉するのである。アッラーはすべてに恵みを与えられ、あらゆる事柄に対して命令を下される。

「ああ、**かれ**こそは創造し統御される御方ではないか。万有の主アッラーに祝福あれ。」（高壁章七：五四）

「おおアッラー、王権の主。**あなた**はお望みの者に王権を授け、お望みの者から王権を取り上げられる。またお望みの者を高貴になされ、お望みの者を低くされる。（すべての）善いことは、**あなた**の御手にある。**あなた**はすべてのことに全能であられる。**あなた**は夜を昼の中に入らせ、昼を夜の中に入らせられる。また**あなた**は、死から生をもたらし、生から死をもたらせられる。**あなた**は御心に適う者に限りなくお恵みを与えられる。」（イムラーン家章三：二六、二七）

「アッラーは、すべてのものの創造者であり、またすべてのものの管理者である。」（集団章三九：六二）

第二の側面は、アッラーは崇拝の対象として単一であるということ。これは神（イラーフ）からの派生語と組み合わせて、タウヒード・アルウルーヒーヤと呼ばれる。アッラーに同列者を並置することや他の対象を崇めることは、不信にほかならないし、また預言者を遣わせて人類に伝えようとされたのは、このタウヒード・アルウルーヒーヤであった。

「本当に**われ**は、各々の民に一人の使徒を遣わして、『アッラーに仕え、邪神を避けなさい。』と（命じた）。」（蜜蜂章一六：三六）

「アッラーに仕えなさい。何ものも**かれ**に併置してはならない。」（婦人章四：三六）

「あなたの主は命じられる。**かれ**の外何ものも崇拝してはならない。」（夜の旅章一七：二三）

「**かれ**に何ものでも同位者を配してはならない。」（家畜章六：一五一）

ここまで述べてきた、アッラーは万能で単一の創造主であることは、それ自体が崇拝の対象としてのアッラーの単一性を必然にするものである。なぜならば、アッラー以外は崇拝するに値しないということが判明するからだ。創造主の単一性を認めても、礼拝の対象の単一性を認めない人々もいたのであった。しかしそれでは、証拠があるのを認めてもその証拠が証明する事柄を無視するようなものであると、イスラームでは説明する。

「もしあなたがかれらに、『誰がかれらを創ったのですか。』と問えば、必ず『アッラー。』と言う。それなのに、かれらはどうして（真理）から迷い去るのか。」（金の装飾章四三：八七）

帰依することは、自らを最も低からしめることであり、同時にそれはアッラーへの敬愛の姿でもある。それは礼拝などいろいろな勤行の所作はもとより、一般的には目に見えるか、見えないか、あるいは外見か内心の問題かにかかわらず、アッラーが愛され喜ばれるすべての言動を指している。人間の創造自体、アッラーに帰依させることが目的であったといえる。

「ジンと人間を創ったのは、**われ**に仕えさせるためである。**われ**はかれらにどんな糧も求めず、また扶養されることも求めない。」（撒き散らすもの章五一：五六、五七）（筆者注：ジンは悪魔の一種）

あらゆる形態や所作を含むということは、睡眠、食事、売買行為、結婚など何であれ、その意図がアッラーに仕える行為であれば、それは帰依の所作ということになる。礼拝、喜捨、断食、巡礼など、決められた勤行に限られないのである。信者の全身全霊をもってアッラーに尽くすことが崇拝するという意味なのである。

そこで正しい帰依のあり方とされるその三本柱は、アッラーに対する敬愛、畏怖、祈願の気持ちの三つであるということになる。アッラーに対する敬愛は、称賛と祈願を内容とするとしてそれぞれ区分けされるが、そういった信者としての精神の諸側面に関しては後述する。

「やがてアッラーは、民を愛でられ、その民も主を敬愛するような民を連れてこられるであろう。」（食卓章五：五四）

「だが信仰する者たちは、アッラーを激しく熱愛する。」（雌牛章二：一六五）

第三の側面は、アッラーは偉大なりといった九九ある美称や、アッラーに関する手、顔、その他種々の行為や特質といった属性はバラバラで別々ではなく、単一であるということである。なぜならアッラーは完璧なあらゆる属性で語られ、欠けるところのあるあらゆる属性からは縁遠いものであるが、そういう状態にあるのはあらゆる存在の中でただ一人であるからである。クルアーンに出てくるか、あるいは預言者ムハンマドが言及して確認されたあらゆる美称や属性を、そのまま全体として信奉することが求められる。これが、タウヒード・アルアスマー・ワ・アルスィファートと呼ばれることは、前章第二節で少々触れた。

「**かれ**に比べられるものは何もない。」（相談章四二：一一）

「最も美しいすべての御名はアッラーに属する。それでこれらの（御名）で、**かれ**を呼びなさい。」（高壁章七：一八〇）

人間がアッラーと同じ美称や属性の用語を使用したとしても、それだけでは何ら同列に配したことにはならない。事実、アッラー自らが人間にそのような用語を使用されたという事例は、クルアーンに出てくる。

「かれに賢い息子が授かるであろうという吉報を伝えた。」（撒き散らすもの章五一：二八）

「賢い」とは美称の一つであるが、右記でその美称と同じ用語で形容された人物は、預言者の一人であるイスハーク（イサク）である。

「そこで**われ**は、優しい思いやりのある男児を（授けるという）吉報を伝えた。」（整列者章三七：一〇一）

「優しい」というアッラー自身の美称と同じ用語が使用されて形容されたこの人物は、イスハークの兄でやはり預言者であったイスマーイールである。

アッラー自らが呼称された美称で、人間を指して呼称された事例もある。

「誠にアッラーは、すべてについて聴き視られるのであった。」（婦人章四：五八）

ここにいう視聴覚の用語は、次のように人間を指す場合にも使用されている。

「それで**われ**は聴覚と視覚をかれに授けた。」（人間章七六：二）

こうして美称や属性の同一用語の使用は見られるが、それはアッラーと人間の同列視には当たらないのである。否、現実は両者を比較するのもおこがましいので、その間には天地の差があるのはいうまでもない。

付言すると、タウヒードは根本的な問題であり、それだけに古来多くの人が様々な見解を提示してきた。論理的な神学を進めたムウタズィラ派は、アッラーには本質しかないので、一切の属性は比喩的に理解すべきだとした。例えば、手は力、玉座に座るとは支配を指すといった調子である。それに対して論理一点張りでは人心が離れるので、その弊害を克服しようとしたアシュアリー派は、アッラーと人とはもともと別世界のものであり、アッラーの属性もそれを前提に理解すべきであり、したがって本質も属性も存在するとした。さらには美称も属性も否定する一派（ジャフム派）、あるいは美称と属性を被創造者に使用している諸例があるので一部を否定する派（マートゥリーディー派）などが出てきた(8)。

結局のところアッラーに使用された美称や属性の用語を理解するには、それらが絶対主のために使用されているという前提で見る必要があり、それらはそもそも人間世界の意味内容とはかけ離れたものであると理解するということになる。

「**かれ**に比べられるものは何もない。」（相談章四二：一一）

〖3〗並置（シルク）について

次いで、並置（シルク）論の展望である。歴史的には偶像崇拝を廃止し、他宗教の攻撃から自らを守らなければならなかったイスラームは、アッラーへの全幅的信奉を強調すべき立場に置かれたことは明らかだ。またゆるぎがちな人心から多神を生じさせないための注意喚起も極めて熱心に行われてきたのであった。それが並置論である。

シルクは、アッラーと同等あるいは同類の存在を認めることである。どうして、どのような場合に、どのようなシルクが生じるのか、あるいは生じやすいのかの究明、またそれと類似した事象である不信（クフル）や見せかけ（ニファーク）といった問題の検討が理論的、経験的に進められたのであった。(9)

シルクはアッラーに対する最大の不義である。不義とは、何かがあるべきところにないという事態全般を指す言葉で、崇拝がアッラー以外になされることは最悪の事態なのである。

「息子よ。アッラーに（外の神を）同等に配してはならない。それを配するのは、大変な不義である。」（ルクマーン章三一：一三）

最大の不義であるとされる理由は、アッラーがそれを赦すことはないと明言されたからである。「本当にアッラーは、（何ものをも）かれに並置することを赦されない。それ以外のことについては、御心に適う者を赦される。アッラーに（他者を）並置するものは、まさに大罪を犯す者である。」（婦人章四：四八）

そしてそれは最大の不義として、地獄行きは必定であり、それまでにあった善行などはすべて帳消しになる。また地獄での嘆願は聞き入れられることはない。

シルクの種類としては、大小の区別がなされる。大シルクは、共同体から追放され、地獄に永遠に住むことになる。小シルクは大シルク以前の段階で、共同体からの追放はなく、地獄へ行っても永住が決まっているわけではない。また無効になるのは当該の行為だけであり、それまでのすべてが帳消しになるわけではない。

シルクの諸例としては、概ね次の通りである。

■預言者が挙げた主なシルク発生の注意点

表現方法として、例えば「アッラーとあなたが望まれるならば」と並置はしないで、「アッラー、次いであなたが望むならば」として、アッラーとそれ以外のものを区別すること。あるいは、人に対して平安を祈るのが普通であるが、「アッラーに平安あれ」といった表現は、アッラーと人間の関係や立場を踏まえていない。また「お望みならば、どうかお赦し下さい」も同様であり、アッラーが望まれるかどうかは、アッラーの自由にされる専権事項であり、願いは直接それをいえばいいので、「望まれるならば」とまでいうのは余計な口出しであり、やはり立場をわきまえていないということになる。

よく見られるが、墓に石碑を建立することや、ドームなどでの飾りを控えること。また墓廟を礼拝堂にしないこと。また太陽の出入りを、礼拝の時間の目処にしないこと。また崇拝のための旅は、マッカ、マディーナ、エルサレムに限ること。さらに、イーサーについてあるような称賛を自分（ムハンマド）に関しては避けること、彼は預言者といっても下僕に過ぎないからだ。これは教友に関するあらゆる誇張も同様である。

「万民への警告者とするために、**かれ**の下僕《しもべ》に識別を下された。」（識別章二五：一）

「アッラーを讃える。**かれ**はその下僕《しもべ》に啓典を下された。」（洞窟章一八：一）

▪実際に観察される諸例

映像で形状を伝える写真、絵画、録音された音声、彫刻、銅像や浮き彫りなど。

幸運の輪や糸を巻くこと、あるいは魔除けのお守りを子供などに着けさせること、クルアーンの小さい一部をぶら下げることについては賛否両論あるが、それ以外のものを身に着ける可能性を大きくすることもあり、否定的に判断される。

樹木、遺跡、祠などを恵みの源泉と見なして、崇拝行為をすること。これは大シルクに当たる。また占いや魔法の類、薬物を使ったりすることも含まれる。人に悪運を祈願することも含まれる。星占い、手相判断なども同様。

雨が降ることやその他一般に幸いな事柄を、アッラー以外の配慮と恵みに帰して感謝すること。

「かれらはアッラーの恩恵を知ったうえ、なおそれを拒否している。かれらの多くは不信者たちである。」（蜜蜂章一六：八三）

シルクが多く生じるのは、祖先の風習を墨守する場合である。祖先が誤った神々を崇拝していないかどうかが問題となる。信仰証言を唱えればそれで天国行きは間違いないと思い込んでいる人は少なくない。イスラームの社会にいる限り、もはやシルクのない安全圏内だと思い込んでいる人も多い。

アッラーの赦しを得るために、アッラー以外に執り成しをしてもらいたいと願っている人が少なくないが、これもシルクになる。執り成しはアッラーの専権であり、そのためのお許しがなければ、天使もそれはかなわない。

「かれらはアッラーの外に、かれらを害せず、また益もないものに仕えて、『これら（の神々）は、アッラーの御前でわたしたちを執り成すものです。』と言う。」（ユーヌス章一〇：一八）

「執り成し（の許し）は、すべてアッラーに属する。」（集団章三九：四四）

「天にいかに天使がいても、アッラーが望まれ、その御喜びにあずかる者に対する御許しが出た後でなければ、かれら（天使）の執り成しは何の役にも立たない。」（星章五三：二六）

最後に不信（クフル）や見せかけ（ニファーク）にも言及しておこう。

クフルの元来の意味は、覆い隠すという意味で、信仰の欠如はもとより、あらゆる信仰上の疑念、異論、預言者への信頼に対する嫉妬心、傲慢さなども含まれる。

ニファークという言葉は、ネズミの隠れ家の出入り口（ナーフィカー）という言葉から来ている。信仰上、出たり入ったりして浮動な状態を指す。

見せかけの人（ムナーフィク）は、覆い隠す人（カーフィル）よりも悪いとされる。「本当に偽信者たちは、火獄の最下の奈落に（陥る）。」（婦人章四：一四五）

クフルの種類としては、大小がある。大クフルは信心について、嘘つき、傲慢さ、疑念、異論などが挙げられる。なおニファーク自身、クフルの一種としても列挙される。小クフルは恵みを認めないなど、大クフルに至らないと見なされるものである。

大小の違いは次の通りである。共同体から追放されるか、されないか。そしてそれまでの善行すべてが帳消しになるか、ならないか。地獄行きが永久になるか、それとも悔悟により救済されるか。信者の敵対関係が義務的となるかどうかなど。

ニファークの種類としては、見せかけが内心からの場合と行為だけの問題に分かれる。前者は大ニファークで、後者は小ニファークになるのが通例である。両者は地獄に永住するかどうかの違いがある。しかし悔悟した場合にそれが受け入れられるかどうかは、小ニファークについては問題ないが、大ニファークについてははっきりしていない。

〖4〗信仰の功徳

どうすることが信仰で、何を信じるのがイスラームかということは、本章で明確にされたかと思われる。それではそのような信仰を確立することで、人は何を得ることとなるというのであろうか。いわば信仰の果実であり、功徳は何かということも問われるであろう。しかしこの問いは、実際はイスラーム諸国においてはあまり取りざたされることはない。アッラーへの誓約を果たすことが生涯の前提である土地柄においては、そのような問いかけはほとんど問題とならないからである。したがって右の設問はむしろ日本のような環境から生じるものであり、しかもそれはごく自然な問いでもあろう。

そこで筆者が、信仰の功徳の要点だけでも提示しておくのが適切と思われる。

一には、最後の審判を除いては本当に恐れるべきものがない、その意味で不安感や迷いから解放されるという安心を享受する。

二には、最悪の状況であってもそれ以外の恵みを種々いただいていることを想起し、常にアッラーの存在が頭から離れないことにより心のバランスが保たれ安寧を得ることがある。イスラームでは安寧を得ることは、すなわち幸福であると定義されるが、それは本書の第三章「精神生活論」第三節「幸福」で後述する。

三には、人生は何を目指すべきかと問いかけても誰も確答できないのが現実である中で、毎日善行を積むことで最後の審判に臨む準備をするという、明確な回答が与えられること、つまりそれにより人生の目標と生きがいを見出せる。

四には、物事の善悪に関して、その場その場の処世術的な利害感覚を越えた本質的な強い信念を持つことは容易ではないが、信仰によりアッラーとの誠実な関係を軸とした一連の倫理道徳観念が植え付けられる。

以上のように簡潔に提示してはみたが、これらに限られるということではない。以上をすべて包含しつつ強調しておくべきポイントは、信仰を確立し縦横に玩味することができれば、人の心はそれだけいっそうの高みに立てるということである。喜捨一つにしてもそれは寄付に伴う恩着せがましさは一切なく、アッラーの下賜品の再配分であり、それをアッラーにお返ししているにすぎないという実感に満ちるのである。

このような精神的な高みに立つことは、日常的価値観の昇華とも形容できる。それは人生を達観するような新たな心境に到達するということである。

そこで次章では、この豊かに膨らむ精神生活の内容を、個別につぶさに紹介し把握することとしたい。

信者の生活は、精神的に磨かれ浄化されたものとなる。そうした心境に基づく喜怒哀楽の精神生活とはどのようなものなのであろうか。またそれは信仰生活以前とは、どこがどのように異なるのであろうか。

第三章　精神生活論

信仰は真実、あるいは宇宙全体の哲理の覚知であり、自らの言動を信仰箇条に則らしめるということであれば、生活上それがどのような影響や功徳をもたらすかは二義的な問題であるということになる。しかしそのような信仰の効果は多くの人の関心事であるし、それを問うて整理することは信仰の深化にも役立つかもしれない。また人の喜怒哀楽といった感情生活全般も、人の目につかないものがあるにしても、決してアッラーと無縁なものではないどころか、微細な人の心の襞《ひだ》なども含めて、森羅万象はその差配の下にあることを再確認する結果となるであろう。

人生論をも含めたかたちでは、次のような説き方もある。信心を得ることによってこそ、人生そのものの意義が把握され、絶対であり永遠たりうる生きがいが与えられる、と。

人生に関し方法論はあっても、それは何なのか、また何故なのかという本質論は把握できない。また人生は遺伝と環境という二大要因にほぼ既定されているが、これもアッラーの定めた法に則っている。人間を形成するのは、肉体・知性それと心（感性であり直感や霊感）の三要素だが、感性豊かに心の嗜好を高めることに真の幸せが見出される。そして人生最高の目標は、文明の害から逃れさせ宗教心を育む偉大な自然にも看取される絶対美に対する感動であり、それを通じて知るであろう絶対主に対する依拠と服従である。こうして何人にも賦与されている宗教心を育み高めることにより、人生の意味と真の安寧が得られる(1)。

以上は総括的な表現であるが、それを主な項目別に区分して以下に述べることとする。ただし人の心は万華鏡であり、その諸相が尽くされることはないという前提なので、その意味では、以下のいくつもの記述はあくまで例示にすぎないということになる。(2)

〔1〕安心

真実を確信し、それに依拠できるような心境にはまず安心感が訪れる。そして天国に入るときは、安心して入るようにと言って、挨拶される。

「(かれらは挨拶されよう。)『あなたがたは、平安に心安らかにここにお入り。』われはかれらの胸にある拘わりを除き、(かれらは)兄弟として高位の寝椅子の上に対座する。」(アル・ヒジュル章一五：四六、四七)

安心(アムン)、安全、信頼(アマーナ)、信用などといった意味内容を包括しながら、安心とその派生形や活用形はクルアーンに実に八五八回も登場している。使用回数がその言葉の重要性をそのまま反映しているとは限らない。とはいえ、クルアーンに出てくるすべての語数である八万前後の一パーセントを上回ることとなる。これは、平安(サラーム)およびその派生語の使用回数が一四〇回程度であることと比べても、いかにも目立つ存在であることは間違いない。

恐怖はアッラーに対するもののみ

安心の反義語は、不安、恐怖、混迷、動揺などである。生老病死とすべてが不安の原因であり、

マスジド

人の世は誤道に満ちている。それら現世の不安への対策としては、資産を貯めて、高い地位を確保し、子孫を多く残すことなどが考えられる。しかしそれらは典型的な現世的利益の一群であり、それはいかにも浮世の戯れであるというのがイスラームの教えである。

それらの現世的利益は問題の本質に向かっていないから、解決策とならないのである。本質とは人の心の問題である。もちろん常識的に資産や子孫が望ましいことはいうまでもない。ここで取り上げているのは、それだけに固執するか、あるいはそれのみを優先する態度は誤道であるということである。

信仰を持つ人が不要な恐怖心に襲われない原因は、すべての恐怖はアッラーに対するものに限定され、集中するからである。それは最終的には最後の審判という全言動の清算があることはすでにいうまでもないであろう。このアッラーへの畏怖心の一点に集約されているので、それ以外の雑音や雑念に惑わされることが消え去るか、あるいは少なくとも軽減されるのである。

「信仰して、自分の信心に不義を混じえない者、これらの者は安全であり、（正しく）導かれる者

である。」（家畜章六：八二）

死は家の引越し

死については、当然クルアーンでしきりに言及されている。そしてそのどれもが信者の死への恐怖心を除こうとする趣旨である。それを逃れた人はいないし、また同時にそれは自らの存在の終わりを意味しないということである。

「言ってやるがいい。『あなたがたが逃れようとする死は、必ずあなたがたを襲うのである。』」（合同礼拝章六二：八）

「本当にあなたは（何時かは）死ぬ。かれらもまた死ぬのである。」（集団章三九：三〇）

「誰でも皆死を味わうのである。だが復活の日には、あなたがたは十分に報いられよう。（またこの日）業火から遠ざけられた者は、楽園に入れられ、確実に本望を成就する。この世の生活は、偽りの快楽に過ぎない。」（イムラーン家章三：一八五）

これだけ死について確約されれば、読む人は誰しも死を迎えるのに少しは心のゆとりができるであろうか。死は消滅でもなければ幻想でもなく、生の家からもう一つの家に移転することであると観念するのである。それは消え失せる家から、いつまでも存続する家への引越しである。

死とは天使たちが道案内をしてくれる楽園への道のりに就くことである。

「（死は）寛容にして慈悲深い御方からの歓待である。」（フッスィラ章四一：三二）

逆境もアッラーの差配

人生に逆境はつきものであり、逆にいえば逆境にあわない人生など、まやかしの人生だともいえそうだ。試練が人生であるというのがイスラームの規定の仕方であることは繰り返し述べてきた。しかしそれも程度問題はあるだろう。処理能力以上の逆境ばかりが続くと人は自然と滅入ってしまうし、失望もする。信仰の真価が問われるのは、そのようなギリギリの状況下で何が実現できるのか、ということである。

まず信仰を正しく持つ人は、非常に忍耐強くなっていることを想起したい。忍耐（サブル）はイスラームでは非常に尊重される。実際ムスリムは何事であれ、ゆったり構えている人が多い。「時間をかければ安心で、急げば悔やむ」、あるいは「性急さは悪魔から、忍耐は信仰から」という昔からの諺もある。

人生のほとんどあらゆる事柄は苦難である。学習、通勤、出産、人々とのやり取りなどなど、すべてである。繁栄の頂点においてさえも手放しで喜ぶのは、自分で墓穴を掘るようなものであろう。そこで自制心を発揮するのは、自分を振り返る我慢であり楽の中の忍従である。他の人への親切心も忍耐の一つの表れである。

逆に性急であるときは物事の展開を人間、しかも自分中心に考えているので、万事はアッラーが差配されているという根本の事実を失念していることになる。そこで性急さはムスリムが嫌悪するところとなった。また性急であることにより、困難はアッラーが人に与えられた試練であるという事実も失念していることになる。

「人間は気短に創られている。**われ**はすぐに印を示すであろう。だから急いで**われ**に督促してはならない。」（預言者章二一：三七）

そこで教えを守り忍耐強くすること自体が善行であり、したがってそれには多くの報奨が与えられることになる。最大の恩寵はアッラーの支配を明確に覚知し、天国行きの確実な候補者になることである。

クルアーンの次の節は、すべてを語っているようだ。

「だから耐え忍べ。本当にアッラーの約束は真実である。」（ガーフィル章四〇：五五）

忍耐強い人は善し悪しにかかわらず人を環境に適合させるので、その人を幸福にする。またその柔軟さと優しさで人に好かれ、人から信用を勝ち取ることも可能になる。もちろんそのような功利のために忍耐が説かれるのではなく、幸福はアッラーとの誓いに誠実であることの結果である。

忍耐強くなるだけではなく、アッラーの定められた運命の力を理解し、不幸や逆境の中においてもアッラーの恵みが至るところにあることを看取できるような心構えができていれば、大きな不安は解消されて安心を得ることとなる。その条件を一言でいうならば、信仰が熟して十分に篤信であるということに尽きる。

この文脈でアラブの文献にもしばしば引用されるクルアーンの節に最後に触れておくのは意味がありそうだ。これは数々の著書の巻頭言などにもよく用いられているものである。

「順境（サッルラー）においてもまた逆境（ダッルラー）にあっても、（主の贈り物を施しに）使う者、

怒りを抑えて人々を寛容する者、本当にアッラーは、善い行いをなす者を愛でられる。」（イムラーン家章三：一三四）

【2】安寧

前節の安心が不安感の除去や克服であるとすれば、ここで扱う安寧（トゥムアニーナ）は心の平穏ということである。それは一喜一憂しないだけの心の準備と、その背景としてのバランスのとれた不動の心構えということが強調される。つまりあまりの感情の波は、アッラーを忘れる端緒である。苦情や悲しみに振り回されることは、すでに受けている多くの恵みを忘却することにほかならない。また幸運や成功に糠喜《ぬか》びするのは、慢心の始まりということである。なお日本語では安心と安寧の区別に注意を払う必要を感じるのは、用いられている漢字や音が極めて近いからである。しかしアラビア語では、安心（アムン）と安寧（トゥムアニーナ）であるので、それらは別の語源であり、一見して異なる概念だということは分かる。

クルアーンには信仰は、すなわち安寧を招来するとある。

「アッラーはただあなたがたの心の安らぎのために、吉報を伝えられた。」（イムラーン家章三：一二六）

「アッラーはただこれをあなたがたへの吉報となされ、あなたがたの心をそれで安らげられる。」（戦利品章八：一〇）

「アッラーを唱念することにより、心の安らぎが得られないはずがないのである。」（雷電章一三：二八）

また安心は安寧よりも一般的で、したがって安心よりも安寧の方が強いとされる。その根拠は次のクルアーンの言葉で、安寧は安心を補強するために後に置かれているからだ。心の静けさは安心で、静けさが増大して確実なものとなればそれが安寧だとされる。

「アッラーは、安心でき安寧な一つの町の比喩をあげられた。」（蜜蜂章一六：一一二）

前章では信仰のあり方には三段階あるとして、イスラーム、イーマーン、イフサーンの区別を述べた。ここで言及するのはそれとは異なり、信仰心の三段階である。安寧（トゥムアニーナ）は信仰心の三段階を想定した際に、最後の第三段階の状態を指し示す用語である。すなわち第一段階は悪に傾きやすい（アンマーラ・ビッスーィ）、第二段階は意識して身を正す（ラウワーマ）、そして第三段階は安寧（トゥムアニーナ）であるとされる。ここからも安寧が信仰のもたらす最も安定した心境であろうことは、ただちに見て取れると思われる。

静穏（サキーナ）との関係

心の静穏を意味する「サキーナ」は安寧とほぼ同義であると捉えられて、第一章に見たように「サキーナ」は安寧のことであると辞書的には謳われる。しかしこれらをイスラームの信仰体系の中に置き直すと、両者は異なる二つの世界に属するものとして、峻別されなければならないことが判明する。

第一に「サキーナ」が天賦であり先天的であるのに対して、それ以外のすべての精神的な営みは後天的であるということがある。したがって安寧も後天的であることが、「サキーナ」との基本的な差異であるということになる。

それを言い換えれば、「サキーナ」は原因となるのに対して、安寧は結果であるということでもある。また前者は精神的な側面に限定されているのに対して、後者に関しては精神面に加えて治安や経済など生活一般についても存在している。したがって後者の方が、前者よりも広範囲なものであるといえよう。

あるいは「サキーナ」が冷徹で固い内容であるとすれば、後者の安寧はより人の情感に訴える柔らかい内容であるとも表現される。そこで前者は人の意識や心を離れることもあるが、後者は人の心が常に意識して求める関係にあるということになる。

さらに加えるとすれば、「サキーナ」は人が得ようと努める対象ではないが、安寧はまさしくその対象である、という対比も可能である。しかしこの対比も結局は、先天的と後天的の違いという出発点に戻ることは間違いない。

安寧は迷いのなさ

信念をもって安寧を保つことは、逆にいえば迷いや不安がないということである。それが幸福であることは議論も証明も必要ないところであろう。迷いが広がれば、生きる目的や生きがいとは何か、あるいは生は現世のみで死後はどうなるのであろうか、などの妄想が湧いてくる。安寧は付和雷同の処世術を卒業することも意味しうる。

真に迷いのない人生を歩みたいと願うことは、幸福であり、生きがいであり、人としての尊厳の追求でもある。それらすべてに通底しているのは、迷いのない静穏さと、それと手を組む信仰心で組み立てられているーつの構造であるということは、すでに明らかであろう。クルアーンの次の節を見よう。

「顔を伏せて（ただ頑なに）歩く者と、正しい道の上を規則正しく歩く者と、どちらがよく導かれるのか。」（大権章六七：二二）

クルアーンでは、迷いのない道をまっすぐな正しい道とも表されている。それを求める気持ちのいかに強いことか、なかなか今の日本からはその全幅の願望を想像し理解することは容易でないかもしれない。複雑な仕組みと諸関係の中をなんとかそつなく乗り越える技術のような世渡り上手の方が、はるかに理解が容易であり、学ぶ点があると思われがちだからである。イスラームはそれとはまるで逆の発想と立ち位置を占めることとなる。このように人生観や処世観が相当かけ離れていることも、日本でイスラームが理解困難とされる大きな理由であろう。

「わたしたちは**あなた**にのみ崇め仕え、**あなた**にのみ御助けを請い願う。私たちを正しい道に導きたまえ。**あなた**が御恵みを下された人々の道に、**あなた**の怒りを受けし者、また踏み迷える人々の道ではなく。」（開端章一：五、六、七）

これが実にクルアーンの第一章を飾る言葉なのである。

安寧と祈り

祈りはアッラーに対しての帰依の行為である。その意味は、アッラーの絶大なることを認め、至誠を尽くしてその体制と命令に従うことを表明するのである。そうすることは自然の哲理に沿うという意思表示であり、それは素直さ以外の何ものでもなく、何ら無理難題を強いられることではない。アッラーに対するお願い事もあり、それをたくさんすることは依存度が高いことでもあるので奨励されている。

祈ることは、新たな生活への活力を生み出すので生きがいとつながる。また規則正しく同じテンポで同じ動作をしながら同じ言葉を繰り返すことは、信者の心に安寧を取り戻させる。

祈ることが一つの表現方法であると見るならば、それによって心が解放されるかもしれない。また人と一緒に祈ることで、自分が孤独でないことを実感することとなるであろう。あるいは少なくとも、礼拝はアッラーとの直接的な心の対話の機会であり、やはり孤独でないどころか守られ支援されていることを実体験するのである。

祈りによって多数のムスリムと共同社会に居ることを想起することとなるので、心も視野も世界的規模で広がるのが実感できる。それはその人をいっそう広い境地に押しやり、いっそう深い意味のある生活を展開することを可能にするのである。

祈ることはその人の家族や交友関係の中における立場を確かめ、その責務を改めて確認する機会となる。自分は一人でないことはもちろんであるが、それは自らの責任の重さも改めて認識させるものである。

祈りにより、過去へのこだわりを克服し、現在への不満を解消し、未来への不安を除去してくれる働きがある。祈りによりアッラーがすべてを知られた上で、すべてを差配され決定されていることを心に刻むことができるからである。

自分の力で何とか事態がなるのではないかと思う人の心を、アッラーは試されているのである。

「地上において起こる災厄も、またあなたがたの身の上に下るものも、一つとして**われ**がそれを授ける前に、書冊の中に記されていないものはない。それはあなたがたが失ったために悲しまず、与えられたために、慢心しないためである。本当にアッラーは、自惚れの強い高慢な者をお好みにならない。」（鉄章五七：二二、二三）

「たとえあなたがたが家の中にいたとしても、死が宣告された者は、必ずその死ぬ場所に出て行くのである。」（イムラーン家章三：一五四）

「どんな災厄も、アッラーのお許しなく起きることはない。誰でもアッラーを信仰する者は、その心を導かれよう。本当にアッラーは、すべてのことに通暁なされる。」（騙し合い章六四：一一）

【3】幸福

ギリシアの幸福論は広くはギリシア哲学のイスラームへの影響の一端として、イスラームの古典でも取り上げられてきた。例えばイスラーム倫理道徳の古典であるイブン・ミスカワイヒ（九三二―一〇三〇）の著作『道徳の修練』においては、アリストテレスの幸福論が正面から取り上げられ

ている。(3)

そしていったん幸福論の議論が始まるや、イスラームでも幸福(サアーダ)はかまびすしく論じられる人気のテーマとなった。この一連の傾向はギリシア哲学の刺激があったと同時に、クルアーン中でも別の用語で幸せの状態を表し、実質的には幸福に関する説諭が進められていた事情も手伝ったと見てよいだろう。それらの用語とは、「良い生活」(密蜂章一六:九七)、「窮屈(でない)生活」(ター・ハー章二〇:一二四)、「イスラームに対し開いた胸」(家畜章六:一二五)、「心の安寧」(雷電章一三:二八)といったものが挙げられる。

イスラームの着眼点

イスラームの教えに見られる論法は、いわば消去法である。子供が多いことと財産が豊かであることが、現世的な幸せの象徴のように扱われて、それらの一時的なことを諭し、そして永久の幸せは死後に楽園に入ることであるというのが、クルアーンの主な筋書きである。

「あなたがたの現世の生活は遊び戯れにすぎず、また虚飾と、互いの間の誇示であり、財産と子女の張り合いにすぎないことを知れ。」(鉄章五七:二〇)

財産や子女は人の信心を試すものであり、その魅力は誤った道への誘惑であると考えられる。

「だからあなたがたは、かれらの財産や子女に心を奪われてはならない。アッラーはこれらによって現世の生活の中に、かれらを懲罰しようとおぼしめし、またかれらの魂が不信心の中に離れ去ることを望まれるためである。」(悔悟章九:五五)

「あなたがたの財産と子女は一つの試みであり、またアッラーはあなたがたへの最高の権威を持つ方であることを知れ。」（戦利品章八：二八）

アッラーに認められるのは、財産や子女ではなく善行と篤信ぶりである。

「あなたがたを**われ**にもっと近づけるものは、財産でも子女でもない。信仰して善行に勤しむ者は、その行いの倍の報奨を与え、高い住まい（天国）が保証される。」（サバア章三四：三七）

真の幸せ

以上のように「財産と子女の豊かさ」は真の幸せでもなければ、アッラーの下での言い訳にもならないというのがイスラームの見方である。ということは、次の二つのことを意味していると理解できる。

一つには、目に見える物的な対象自身は幸せの内容ではないということである。目に見えるものが対象でないならば、人に内在する何かが幸せであるということになる。そこで真の幸福として消去法で残されるのは、精神的な清浄さ、心の安寧、魂の安らぎといった表現が与えられる一群の心理的な状態である。以上の一群の心理状態の逆のものとして、次のような不幸の諸相が見えてくる。不安と惨めさ、動揺、心配、心の狭さや生活上の気苦労などである。これらは豊かさゆえに生じてくる面もある。

ところで名誉は内在するものともいえる。それは目に見えるものではない。しかしそれは人間関係に依存している。つまり一時的な存在の間における一時的な立場や評価であるということだ。したがってこれもイスラームでは真の幸福ではないと見なすこととなる。

人にまつわる過渡的な性格を越えて、恒常的な性格の何か超越的なものが求められる。それは安定性と確実性をもたらすからである。さらにいえば、本当の名誉は篤信の結果としてアッラーに認められ、楽園に入ることである、ということになるのである。

そこで二つ目の意味として、真の幸せは一時的な現世のものではなく、永劫のあの世にあるということだ。それは信仰がもたらすものであるということに帰着するのである。言い換えれば、真の信仰こそは真の幸せであるということになる。そこに他では得られないような充足感と堅固さが与えられるのである。

それでは永劫の幸せとは何かが問題となる。そこでも現世と同じく、精神的な清浄さ、心の安寧、魂の安らぎといった事柄が中心となるが、現世と異なり来世ではそれが永久化されるのである。すでに見たように、イスラームの歴史観は現世が極めて瞬時の産物にすぎないとするところから始まる。

「この世の生活は、偽りの快楽に過ぎない。」（イムラーン家章三：一八五）

結局イスラームの幸福論は、通常来世論の一翼として扱われる天国論そのものということになってくる。

天国の住人たちは至福の人たち

「あなたがたの主のお赦しを得るため、競いなさい。天と地ほどの広い楽園に（入るために）。それは主を畏れる者のために、準備されている。順境においても逆境にあっても、（主の贈り物を施しに）使う者、怒りを抑えて人々を寛容する者、本当にアッラーは、善い行いをなす者を愛でられる。また醜悪な行いをしたり、過失を犯したとき、アッラーを念じてその罪過のお赦しを請い、「アッラーの外に、誰が罪を赦すことが出来ましょう。」（と祈る者）、またその犯したことを、故意に繰返さない者。これらの者への報奨は、主からの寛大なお赦しと、川が下を流れる楽園であり、彼らはその中に永遠に住むであろう。奮闘努力するものへの恩恵はなんと良いことであろう。」（イムラーン家章三：一三三―一三六）

「アッラーと使徒に従う者は、アッラーが恩恵を施された預言者たち、誠実な者たち、殉教者たちと正義の人々の仲間となる。これらは何と立派な仲間であることよ。」（婦人章四：六九）

至福（トゥーバー）とは？

そしてこれら天国の住人の心持ちを表す固有名詞が、クルアーンには一度だけ登場する。それは「トゥーバー」である。「トゥーバー」には「至福」という日本語が当てられる。それは善い（タイイブ）の最上級のかたちで天国での安寧感と究極感を合わせたようなものと理解され、いずれにしても天国でのみ篤信の人たちが達することのできる心境である。

「信仰して、善行に励む者にとっては、至福がかれらのものであり、善美な所が（究極の）帰り所である。」（雷電章一三：二九）

アッラーの尊顔を拝し、話しかけられること

天国の人たちは主を直接に公然と目にすることができるといい、それは満月の夜に月を見るようなものだとされる。そしてこのことが、主に話かけられることとともに、天国での昂揚する気持ちが最高潮に達する瞬間でもある。クルアーンに次のようにある。

「アッラーを畏れなさい。あなたがたは（来世で）**かれ**に会うことを知りなさい。」（雌牛章二：二二三）

「かれらが**かれ**に会う日の挨拶は、『平安あれ。』である。」（部族連合章三三：四四）

「およそ誰でも、主との会見を請い願う者は、正しい行いをしなさい。」（洞窟章一八：一一〇）

「その日、ある者たちの顔は輝き、彼らの主を仰ぎ見る。」（復活章七五：二二、二三）

「善行をした者には（天国へ入るという）すばらしい報奨があり、また追加もある。」（ユーヌス章一〇：二六）

「かれらのためには、そこに欲しいものは何でもあり、また**わが**許からもっと追加があろう。」（カーフ章五〇：三五）

つまり「追加」があるとは、主の尊顔を拝することであると解釈されるのである。

アッラーに話しかけられることについても、間接的な表現だが次のように出てくる。

「アッラーの約束と、自分の誓いとを売って僅かな利益を購う者は、来世において得分はないであろう。復活の日には、アッラーはかれらに御言葉も与えず、また顧みられず、清められることもない。」（イムラーン家章三：七七）

【4】愛情と慈悲

慈愛（ラフマーン）はアッラーの全存在に対するもので人には持てないもの、慈悲（ラヒーム）は特定の存在に向けられるもので、アッラーから人へ、あるいは人から人へ向けられる。人の慈悲とは普通には情け心といえるが、人が他の存在にアッラーの慈悲を祈ることがその内容となる。したがってアッラーが人にかけられる慈悲が、人間同士の慈悲の源泉ということだ。

慈悲を周囲に向けられない人に対しては、周囲からの慈悲も期待できない。なぜならばアッラーは、慈悲深い人だけに慈悲をおかけになるという関係になっているからだ。またアッラーの慈悲は信者以外の被造者にも向けられる。

次に敬愛（フッラ、マハッバ）は人からアッラーへ、あるいは人同士の場合である。人がアッラーを敬愛するとは、言い換えれば。アッラーに対する称賛と祈願である。また人同士のものとして愛情（フッブ）がある。ただし実際は言葉が流用されて、アッラーが人に愛情を持たれるといった表現も見られる。

愛情とは特定のものに惹かれる心の働きをアッラーが人の天性の一つとして創られ、人の心がぶれないためにアッラーがしっかりその心を捕捉され特定のものに結び付けられる現象だとされる。ではその惹かれる特定のものとは何か。その最良のものは信仰心そのものとすれば、愛情は主としてムスリム同士の間の事柄ということになる。慈悲はムスリムに対するものとは限られないから、この点で愛情と慈悲とは異なる。次の節が、それら敬愛や愛情と慈悲の関係を説明している。

「あなたがたがもしアッラーを敬愛するならば、(預言者である)わたしに従え。そうすればアッラーもあなたがたを愛でられ、あなたがたの罪を赦される。アッラーは寛容にして慈悲深くあられる。」(イムラーン家章三:三一)

人への愛情

人の間の愛情に関しては、クルアーンでは少々言及されている。例えば愛する相手によって分けてみると、助言をする人(高壁章七:七九)、移住者(集合章五九:九)、預言者ユースフ(ヨセフ)(ユースフ章一二:八、二九)、好む人(物語章二八:五六)が出てくる。だが前述の預言者ムハンマドへの愛情を加えて、たった六つの事例しかないということは、愛情という人にとって非常によく見られる感情としては、言及は極めて限定されているといえるだろう。

そこで人間同士の愛情についてクルアーンは、ほとんど介入していないといえそうだ。そんな中、次の有名な預言者伝承に注目しておきたい。

「自分が好きなものを同胞のために好きにならなければ、その人はまだ信仰しているとはいえない。[4]」

ここでは特定の個々人ではなく、広く集団の人たち全体への愛情が念頭にあるようだ。その集団とは信徒共同体という発想で、これは信者同士の兄弟愛や姉妹愛ともいいうるものであろう。たとえば妻や夫に対する愛情も、一人の女性あるいは男性に対するそれよりも、まずはイスラームの信者であるということへの敬意と尊重が先立つということになる。

そう考えると、個人としての利己主義（アナーニーヤ）を克服する意味も大きい。利己主義を越えた立場は、利他主義（イーサール）である。その一番典型的な事例としてムスリムがしばしば引用するのは、マッカからマディーナに移住した初期のムスリムたちに対する、マディーナ住民の支援ぶりである。移住してきた人たちを支援、擁護して、戦利品の分配においても決して先んじるようなことはなかったという。

「たとえ自分は窮乏していても。また、自分の貪欲をよく抑えた者たち。これらの者こそ至福を成就する者である。」（集合章五九：九）

こうして利己心を克服して利他主義を働かせるような心の育成をイスラームでは大変重視することとなる。それを喜捨やボランティア活動などの実践を通して学ばせるように努めている。

自然万物への愛情

すべての存在物は創造主の造作によって生まれたという事情を踏まえれば、自ずとそのすべてが人の愛する対象であることは、理解できるであろう。結局はアッラーを敬愛し称賛している間にも、そのすべてを人は愛し、慈しむということになるのである。

「**かれ**に讃えあれ、**かれ**はかれらが唱えるものの上に高くおられる。崇高にして偉大な御方であられる。七つの天と大地、またその間にあるすべてのものは、**かれ**を讃える。何ものも、**かれ**を讃えて唱念しないものはない。だがあなたがたは、それらが如何に唱念しているかを理解しない。本

当にかれは忍耐強く寛容であられる。」（夜の旅章一七：四三、四四）

アッラーの被造物としてすべてのものはアッラーを称賛するが、それは山々や木々といった自然界も例外ではないとされているのだ。そこで自然界は人を愛し、人は自然界を愛するという関係が生まれてくるといえる。預言者伝承に、有名な戦闘のあったオホド山に差しかかった預言者が、「この山はわれわれを愛しているし、われわれもこの山を愛している。」と述べたとある。

死や災難への愛情

死や災難は人が忌み嫌って避けようとするのが普通である。しかし少し人を驚かすようだが、イスラームではそれらも人の愛情の対象であるということになる。

信者がこの世を愛するのはもちろん金銭や名誉といった現世欲のためではなく、地上におけるアッラーの代理者としてアッラーの諸権利をこの世で実施、実現するためである。それは最たる善行である。善行を積んでいれば、その後死が訪れる場合にも、それは最後の審判における勝利となり、結果として天国行きを告げられる。そして天国においてアッラーの尊顔を拝する機会に恵まれるのである。そこで死、つまりあの世への引越しの機会というものは、何ものにもかけがいのない価値と重みを持つこととなる。それが、人が死を愛する理由である。

災難にしても同様である。それもアッラーの創造されたものの一部にすぎない。災難は幸福の原因であるかもしれないし、幸福が災禍をもたらす原因となった事例をわれわれはたくさん見聞きしている。つまり人間にとっての当座の善し悪しだけですべてを判断するのではなく、非常に大きなアッラーの差配には従うという決意が必要なのである。この決意は信仰の決意そのものである。このような場面で自然とムスリムの口をついて出てくるのは、「アッラーフ・アクバル（アッラーは、偉大だ）」と、「アルハムドゥ・リッラー（アッラーに称賛あれ）」いう唱念の言葉であろう。すなわち災難というかたちでアッラーの差配があったことは、やはり人として厳粛に受け止め、その上で今後の幸福を祈願するという経過を経ることとなるのである。

人間の慈悲の源泉としてのアッラーの慈悲

人の慈悲の源泉は、アッラーが人にかけられる慈悲である。それが出発点なので、人はそれを感知しそれに対応しようとするのである。そこでアッラーへの感謝と称賛が自然と生じるということになるであろう。こうして慈悲のサイクル現象は際限なく展開されるという次第である。

次の注目点としては、クルアーンで語られる人間の愛情と区別される点は、慈悲を語るときの対象は信者に限られなくて、より広い範囲にあるものとされていることである。なぜならば信者の特性の一つは、慈悲深く、互いに親切、温情豊かであるとクルアーンにはあって、慈悲深いことは信者になる以前からのことでありそれが先行するので、信者に限らず広い範囲のものと解釈されるのである。次のクルアーンの引用部分がそれを示唆している。

「それから信仰する者になって忍耐のために励ましあい、互いに親切、温情を尽くしあう（ことである）。」（町章九〇：一七）

クルアーンにおける慈悲

最後にクルアーンを見ると、慈悲の教えが中心的であることに伴って、その様々な活用形も含めればクルアーンには三四二回登場してくる。いわゆるバスマラと呼ばれる「最も慈悲深く、慈愛あまねきアッラーの名において」という決まり文句には、慈悲と慈愛がダブルで出てくる。

このバスマラは第一章だけは啓示の言葉の一部になっているが、それ以外はそうではない。しかしこのバスマラはクルアーンの読誦に入る前の導入のための言葉として必ず唱えられるので、クルアーンの第二章以下の章数と同じ、合計一一三回使用されることとなる。さらに慈悲と慈愛はひと組で出てくるので、両者を合わせてその倍の二二六回となる。これを先の三四二回に加算すれば、クルアーン読唱全体における慈悲や慈愛の登場回数は全体で、五六八回という膨大な回数にのぼることとなる。

初めに慈悲についてのクルアーンでの原点を見る。預言者を遣わして教えを伝えたこと自体が、アッラーの慈悲の表れであったのだ。

「**われ**はただ万有への慈悲として、あなたを遣わしただけである。」（預言者章二一：一〇七）

その慈悲はすべての被創造者を含む万有に及ぶので、それは慈愛ということになる。

「また**われ**の慈悲は、すべてのものにあまねく及ぶ。」（高壁章七：一五六）

アッラーへの祈願として、慈悲を請うというかたちでも出てくる。

「主よ、御赦しを与え、慈悲を与えてください。**あなた**は最も優れた慈悲を与える方であられます。」（信者たち章二三：一一八）

両親への慈悲を請うかたちでも出てくる。

「そして敬愛の情を込め、両親に対し謙虚に翼を低く垂れて、『主よ、幼少の頃、わたしを愛育してくれたように、二人の上に御慈悲を御授けください。』と（祈りを）言うがいい。」（夜の旅章一七：二四）

信仰から離れてしまう人々もいたが、アッラーはやがて信仰篤き他の民も連れてこられる、そして信者同士は謙虚であり、他方不信者に対しては意志堅固で協力して奮闘するが、それもアッラーの好まれる人々への恩恵であるとされる（食卓章五：五四）。

そこで真の信者と見せかけの信者とは区別しなければいけない。人の間には悪魔も配置されているので（家畜章六：一一二、識別章二五：三〇、三一）、十分な注意が必要なのである。

「男の信者女の信者も、互いに仲間である。かれらは正しいことを勧め、邪悪を禁じる。また礼拝の務めを守り、定めの喜捨をなし、アッラーとその使徒に従う。これらの者に、アッラーは慈悲を与える。」（悔悟章九：七一）

「主よ、**あなた**の慈悲と知識は、すべてのものの上にあまねく及びます。悔悟して**あなた**の道を踏む者たちを赦され、かれらを炎の懲罰から御守りください。」（ガーフィル章四〇：七）

他方で、不信者や見せかけの信仰者は敵であって、それは慈悲の対象から外されるのは当然である。イスラームはこの点、非常に現実的な描写をしているようだ。

「信仰する者よ、あなたがたの妻や子女の中にも、あなたがたに対する敵がいる。だからかれらに用心しなさい。だがもしあなたがたがかれらを赦し、大目に見、かばうならば（それもよい）。」

（騙し合い章六四：一四）

特にイスラームの初期においては四面楚歌の状態であったが、その警戒心がイスラームの共同体と信仰箇条に現実性と強靭な粘りを与えることとなった。

〘5〙 生きがい

日本ではしきりに生きがいが問題視されるが、イスラームではそれは生きる目的（ハダフ・アルハヤー）という視点から取り上げられる。

生きる目的

その回答は明確で、イスラームにおける生きる目的は、篤信に努め、日々善行を積み、一段一段と階段を登ることとして比喩的に提示される。

健筆家として著名なイブン・カイイム・アルジャウズィーヤ（没一三五〇年）による倫理道徳書『信者の階段』(5)の題目には、一段一段登るのだという発想が十分うかがわれる。生きる目的はアッラーの道に従うことであり、その程度を高めるということに集中されるのである。完徳を目指す過程とも表現できる。

顧みるに、人類の歴史が幾年月重ねられようとも、誰一人として人生の目的であるとか、それは一体何なのかという本質を知ることができないままに時間は過ぎているのである。また内省を重ねていくと、人の子として民族、言語の違いを越えて、人間生存の本源的な断面が露呈されることになるだろう。つまり人が生きるということは、究極的には自分一人でもよいから生き続けたいという、生存本能ともいうべき状況に帰着するということである。

この迷いと反省の崖っぷちに立たされた瞬間に、イスラームは自分一人のあり方を越えて、再度、主の下での人類愛や人間存在全体の見地に立ち戻る契機と指針を与えてくれるのである。真善美を求める人の自然な気持ちにも、それらを総括するアッラーとの触れ合いによりいっそうの拍車がかかり、絶対的な信条に従い生きていることへの充足感ももたらされる。言い換えれば、生きる意味、あるいは生きがいが与えられるのである。別の表現であるが、ちぢに乱れる人の心をはるかに越えて、別次元に立った生活が可能となるのだ、とも捉えられるのである。

イスラームでしきりにいわれることは、この世の限りあることと、あの世の永劫であることである。「この世は雪で、あの世は真珠」というアラビア語の格言は、美しい表現の中にこの世の儚さを静かに諭してくれる。かかる事情を真実として直視するがゆえに、生きがいを求めるというように関係づけることもできる。

尊厳

二〇一〇～一二年のアラブ革命を通じて、「尊厳と人間性を」というのが一つの大きな標語となっていた。独裁政治の下ではそれらが無視されていたということである。さらにエジプトの場合は、「エジプト人よ、頭を上げよう」という謳い文句も付けられることが多かった。これは「尊厳」

（カラーマ）の主張であると同時に、独裁制前のイギリス植民地時代以来広く見られた従属的な姿勢と発想に釘を刺そうとするものでもあった。「尊厳」はそれほどに長い間無視され、ないがしろにされてきたというのが実感であったのだ。

ところがこの「尊厳」は、イスラームの中で人に関してそれほど叫ばれてきた価値観ではなかった。それはむしろ、アッラーは崇高である（カリーム）、といったときに使用された言葉であり、概念であった。それが転じで人間については、気前がいいといった意味合いで用いられることとなった。そこへ近代の西欧の人権思想の流れで「尊厳」ということがいわれるようになって、ようやくその言葉がアラビア語にも流布するようになったのであった。

アッラーではなく人間に関しての脈絡では、それは元来欧米からの輸入品であったのだ。日本語でも「尊厳」には、翻訳用語の語感がまだ多分に残っているのと同じである。ところが今やそれはイスラームの生活でも一つの中心を占める価値観となった。伝統的には、人間に関しては、名誉（イッザ）、光栄（シャラフ）あるいは誇り（ファフル）といった言葉の方が、アラビア語としては「尊厳」よりも違和感がないものである。それらの価値が減少したというわけではないが、アッラーの特性と強くつながっているだけに、「尊厳」はやはり人間の臭みが抜けて、一段高い次元から見ているという感覚がある。

日本語でも翻訳調の語感が響くこの用語はどのような意味内容なのかについて、ここでもう一度確認しておきたい。イスラームではアッラーがすべての存在を創造されたのであるから、人間もその一部として当然アッラーの被創造物であると見ることは広く知られているだろう。ここで少し詳細に整理しておきたいのは、そのような存在である人間が占める位置と、どのような尊厳と権利が与えられていると考えられるかということである。

人とアッラーはいつも近いところにあるのであり、それは人の体内にまで及ぶものである。

「**われ**の下僕《しもべ》たちが、**われ**についてあなたに問うとき、（言え）**われ**は本当に（下僕《しもべ》たちの）近くにいる。かれが**われ**に祈るときはその嘆願の祈りに応える。」（雌牛章二：一八六）

「東も西も、アッラーのものであり、あなたがたがどこに向いても、アッラーの御前にある。」（同章二：一一五）

「**われ**は（人間の）頚動脈よりも人間に近いのである。」（カーフ章五〇：一六）

また人はアッラーの地上における代行者として位置づけられる。

「本当に**われ**は、地上に代理者を置くであろう。」（雌牛章二：三〇）

是非善悪の判断力と篤信への尽力の能力が与えられているが、それは反面、人に与えられた試練でもある。そのような人に対して、判断力を賦与されることがなかった天使たちは挨拶をして尊敬の意を表することとなる。それはアッラーの命令でもあった。ただしその命令に天使たちは当初不服を表したが、結局は悔悟して天国の参拝の館の周りを巡回することとなった。

「**あなた**は地上で悪を行い、血を流す者を置かれるのですか。わたしたちは、**あなた**を讃えて唱念し、また**あなた**の神聖を讃美していますのに。」（同章二：三〇）

これが天使たちの不満の声であった。また天国にある参拝の館を天使たちが巡ったのが、巡礼行事の始まりであったともされる。他方そのアッラーの命令に終始反して人間への敬意を表さなかったのが悪魔であるという関係になる。
「その時、皆礼拝したが、悪魔だけは承知せず、これを拒否したので、高慢で不信の徒となった。」（同章二：三四）

以上がクルアーンを踏まえた筋書きである。しかしアッラー、人間、天使、悪魔という登場者を文字通り具体的な姿で思い浮かべるだけではなく、それらが持つ役割や機能を中心として今少し一般化したかたちで理解することも可能である。つまり絶対的な全宇宙的な体系の主（アッラー）の存在を前提に、その絶対意思を反映し実施するように務める立場の存在（人間）と、その絶対意思を反映するだけの存在（天使）と、それに背くだけの存在（悪魔）に仕分けられているということである。

このような位置関係を踏まえれば、イスラームにおける人間讃美の全体像がはっきりするであろう。知識と愛情やアッラーに近いことや被造物からの敬意を人間に賦与されたが、それらは他の存在には与えられなかったものである。さらには、人間には啓示という大変な恵みも与えられたのであった。それらのすべてが他の被造物には見られないものである。ということは言い換えれば、それは絶対主は人間を格別な存在とされたということにほかならない。そこに人間の尊厳の本当の根拠を見出すというのがイスラームの理解である。

「**われ**はアーダムの子孫を重んじて海陸にかれらを運び、また種々の良い（暮らし向きのために）ものを支給し、また**われ**が創造した多くの優れたものの上に、彼らを優越させたのである。」（夜の旅章一七：七〇）

「あなたは見ないのか。アッラーは地上のすべてのものをあなたがたに従わせ、**かれ**の命令によって、船を海上に走らせられる。また天をかれの御許しなく地上に落ちないよう支えられる。本当にアッラーは人間に、優しく慈悲を垂れられる御方である。」（巡礼章二二：六五）

「およそ栄誉は、アッラーと使徒、そしてその信者たちにある。」（偽信者たち章六三：八）

そして、エジプト革命の標語のように頭を上げることとなる。

「顔を伏せて（ただ頑なに）歩く者と、正しい道の上を規則正しく歩く者と、どちらがよく導かれるのか。」（大権章六七：二二）

〖6〗希望と悲しさ

希望と祈り

人には現状以外の姿を描き、その実現を願う能力が与えられている。それが希望（アマル）である。だから希望は本質的には現実との矛盾であるはずだが、多くの場合は新たな生産に向かう次の力の源泉として機能する。前に見たように、おそらく人が生きるということは、究極的には自分一人でもよいから生き続けたいという生存本能の問題にも帰着するのであろう。そして希望があれば、その実現に向けて尽力するとともに、祈ることとなる。つまり人の生存は希望を持ち、祈りを上げることと一体であるということになる。

他方から見れば、祈りは信仰と共にある。そして祈ることは、ある事柄が実現するようにアッラーにお願いするのだが、それが叶うかどうかはアッラーのご差配次第だという了解である。だから実現しなくても失望はない。むしろただちに実現しない方がよいという何らかの理由があるのだろうが、自分がそれを知らないか理解していないだけだと察知するのである。あるいは、希望通りには実現しなくても、それ以外にいろいろ実現している御恵みに感謝することに忙しいかのいずれかである。

以上のような思考回路が、イスラームが信者に提供するものである。希望は果てしないが、その効果もまた果てしないものがある。いくらでも願いを聞いてもらえる相手に、いつもすぐそばに居ていただけるという安堵感である。それはまた自分を決して見逃さない、監視役でもある。

スポーツ選手でもいざという瞬間のために、絶対主にお願いをしてあって、勝つか負けるかとは別に自分は見守られ、最善の差配があると真に信じられるところから安堵感と勇気が湧いてくるという。病気になってもその治癒をお願いできる。ただしアッラーは人の生死自体を左右される御方でもある。

「また病気になれば、**かれ**は私を癒してくださいます。わたしを死なせ、それから生き返らせられる御方。」（詩人たち章二六：八〇、八一）

人は過ちを犯しがちであるが、それも赦されることとなる。

高齢を迎えても、永劫の楽園に入るという生きがいが与えられている。

「エデンの楽園、それは信じていても目には見えないものだが、慈悲深い御方がそのしもべたちに約束なされたものである。本当に**かれ**の約束は、いつも完遂される。かれらはそこでは無用の話を聞かず、ただただ『平安あれ。』（という言葉を聞く）だけであろう。かれらは朝な夕な、そこで御

恵みを与えられる。」（マルヤム章一九：六一、六二）

「悲しむなかれ」

過度の悲しさ（フズン）や失望には警告が発せられる。それは一瞬といえども、アッラーを失念させるからである。ということは、それは不信仰の道を開くからであるとされる。これらは互いに鶏と卵の関係であるともされる。

「もしわれが、人間に親しく慈悲を施して味わわしめ、その後それをかれらから取り上げれば、きっと絶望して不信心になる。」（フード章一一：九）

「アッラーの情け深い御恵みに決して絶望してはならない。不信心な者の外は、アッラーの情け深い御恵みに絶望しない。」（ユースフ章一二：八七）

「かれ（イブラーヒーム）は（答えて）言った。『迷った者の外は、誰が主の御慈悲に絶望しましょうか。』」（アル・ヒジュル章一八：五六）

このようにクルアーンでは悲しさについて多くの言及がある。それは、希望や失望とは比較にならないほどである。ちなみに回数だけで見ると、希望は二回、失望は一三回、そして悲しさは、多数の活用形や派生形を含めて、四二回にのぼっている。

アラブのベストセラー『悲しむなかれ』(6)

『悲しむなかれ』と題された現代風の一冊の本がある。それはこの一〇年ほどの間に、二五刷の増刷を経て三〇〇万冊以上が出回り、すっかり定着したイスラーム世界のベストセラーになっている。それをここで紹介することは、「悲しむなかれ」というテーマをめぐる世相を伝える格好の方法かもしれない。

ベストセラーとなっている理由は、この主題が需要の多いものであることのほかに、全四五六頁という大部なものであるにかかわらず読者が読みやすいように徹底した編集がなされていることにある。同書は、様々な教え、人生経験、逸話、事例、詩文、伝説などの短い引用や解説で構成されている。

他方、目次、索引、参考文献、出典を示す脚注などは一切省かれていて、本文を直接に初めから少しずつ読み進めるように読者を誘っているのである。時には内容がほとんど繰り返しになっているのも、意に介していない。このような著述の方法は現代のアラビア語文献ではまったく類例を見ないものである。またそのような風変わりなスタイルとしたことに関しては、わざわざ序言で読者に対して断りを入れているくらいである。

同書の叙述はすべて小項目の羅列方式になっている。それらを見ると当然ほぼ全内容が判明するが、次のような項目が散見される。その様子は完全に、「千夜一夜物語」のような、めくるめく続く読み切りものの長い連鎖である。

「信仰と幸福」「人の批判に直面して」「人の感謝を待つな」「レモンの汁から甘い飲料を作ること」「怒りを抑えること」「蓄財の享楽について」「自殺について」「人に好かれること」「存在を直視すること」「悲しさはムスリムに求められていないこと」「微笑むこと」「痛みの恵」「恵みの多い

こと」「アッラーが選ばれたものをあなたが選ぶこと」「人の行いを監視しないこと」「人への善行」「孤独の誇り」「瑣末なことは気にするな、この世はすべてが瑣末である」「自分を失うな」「人生の短かさ」「死の痛みで微笑むこと」「喜捨は心の広さ」「有名さを求めるな」「恵みの遅さを悲しむな」「容易さは敵であること」「この世がすべてでないこと」「人生はすべて疲れることばかり」「信仰ある者は心が導かれる」「思いも及ばないかたちでアッラーは糧を与えられること」「それより良いものでアッラーは補填されること」「美言の税金」「楽園の快適さ」「幸福になる格言約六〇〇ヶ条」などが出てくる。随所で純な信仰心と礼拝の重要性が繰り返し取り上げられていることは、特に目につく点である。

〖7〗まとめ

以上で精神生活の主な諸側面を一巡した。ここでもう一度、確認を兼ねてまとめておきたい。

第一には、信仰により不動の宇宙全存在の真理と自らを直結させること、言い換えればアッラーへの誓約を立てることにより、不要な不安感から脱却することとなる。不安のない状態は、安心（アムン）である。

第二には、生きる上には喜怒哀楽があるが、その上下動に過剰に左右されないで、いつも安定した心が達成できること。これは安寧（トゥムアニーナ）である。アッラーに委ねているので苦難も試練と受け止められるし、あまりの快楽は警戒心を呼び起こすことになる。つまりそれも試練なのである。また一喜一憂するような大きな感情の波は、アッラーを忘れさせる端緒になるのである。

第三は、究極の幸福であるが、それは永劫の安寧を得ることにあるとされる。またそれは最終的には天国で保障されるので、それを得ることが人生全体の目標であり目的となる。それは一歩一歩の階段を上るような務めでもある。

次には慈悲という情け心を持つ必要はあるが、真の慈悲心は主にのみ可能であり、人はその主の慈悲を他の人にも請い願うのである。慈悲は広大なものとして信者以外にも及ぶが、愛情はアッラーが人を間違えないように好ましいものに結び付けられる働きとして、信者間にのみ可能となる。

こうして信仰を中軸とした信徒の精神生活が展開される。それは主を抜きにして見られる動物的な営為とは隔絶して異なるものである。またその違いをしっかり受け止め、庇護の内側にいることに喜悦と充実感を覚えることが信仰生活である。こうして広く見られる悲観論やニヒリズムを越えることとなる。

今一度、本章の冒頭に挙げた言葉を引用しておく。以前と異なった含蓄が味わえることとなれば、本書の目的は達したことになる。人生の意味は、信仰にありとする端的な見解である。

人生に関し方法論はあっても、それは何なのか、また何故なのかという本質論は把握できない。……感性豊かに心の嗜好を高めることに真の幸せが見出される。そして人生最高の目標は、文明の害から逃れさせ宗教心を育む偉大な自然にも看取される絶対美に対する感動であり、それを通じて知るであろう絶対主に対する依拠と服従である。こうして何人にも賦与されている宗教心を育み高めることにより、人生の意味と真の安寧が得られる。

一見、日本の道徳観念と近似しているイスラームの倫理道徳論を、固有のものとして把握し、理解する必要がある。誠実、忍耐、慈悲、正義など、どの徳目をとってもアッラーとの誓約に戻ることとなる。それは堅固なものである。

第四章 倫理道徳論

アッラーを信じれば信者の倫理道徳観を確かなものとして、その人は正しい行いをすることになるとクルアーンはいう。これがイスラームにおける倫理道徳重視の出発点である。(1)

「本当に、『わたしたちの主は、アッラーであられる。』と言って、その後正しくしっかり立つ者、かれらには天使が下り、『恐れてはならない。また憂いてはならない。あなたがたに約束されている楽園への吉報を受け取りなさい。』(と言うのである)」(フッスィラ章四一：三〇)

「本当に、『わたしたちの主は、アッラーです。』と言い、その後(堅固で)正しい者には恐れもなく、憂いもない。」(砂丘章四六：一三)

預言者伝承にもいう。

「アッラーを信じたと唱え、(それを固く守って)正しい行いをするように。(2)」

倫理も道徳もアラビア語では「アフラーク」の一言であるが、それはしばしば作法を含むものとしても使用されてきた。そしてそれは、手を変え品を変えては、統治者の心得集であったり学校や家庭の指導書であったり、あるいは子供の絵本といった啓蒙書として広められてきた。

伝統的なイスラームの倫理道徳学で議論されてきた分野の全貌は、以下の通りである。

倫理道徳原論——諸学との関係、意思の諸相と責任、倫理道徳感覚の獲得とその手段など
　行為の原理として本能、習慣、利己と利他主義、意識、理想など
　心の定義として、精神、魂、気持ち、心境、思想、理性などとの差異など
預言者ムハンマドと倫理観——人の理想としての役割

行儀作法――衣類、食べ方、身支度、動物の扱い方、知識欲、統治者の義務的配慮など
幸福論――幸福の段階、アリストテレスの紹介、金銭収入のあり方など
徳目各論――これが本章で取り上げる徳目を論述する部分である

倫理道徳は法学や神学といった学問体系とは異なり、イスラーム信仰の広い裾野であることは第一章で述べた。その価値はただ机上の空論ではなく、現実における実践を目途とした目標を示し掲げることにある。順守しない場合の罰則は法学や神学ほど明示されない。それだけに様々な状況に適合した教えの内容を示すこととなるが、同時にそうすることでより幅広い人々の関与を確保し、老若男女を問わず人々の生活規範の役割を果たすことになる。もちろんこれはイスラームだけではなく、およそ人間にとっての倫理道徳律の意義ということでもある。

例えば道徳の書として古典とされるイブン・ミスカワイヒ（没一〇三〇年）の『道徳の修練』は、当時の支配者への指南の実用書として編まれたものである。そこで道徳の目的としてイブン・ミスカワイヒは、「いつも正しく美しい行為が生まれるような特性を形成し、しかもそれを何ら困難なく容易に達成すること」であるとした[3]。

また、健筆家であったイブン・カイイム・アルジャウズィーヤの著『作法全書』[4]は、四巻本の長大なものであるが、それは食事や接客などの作法書を目途として執筆されている。また現代の総合的なまとめとしてすぐれているのは、アルマイダーニー著『イスラームの倫理とその基礎』[5]である。クルアーンやハディースの論拠を多数示し、これも二巻本ながらそれぞれが分厚な大作であ

る。

なお、イスラームの倫理道徳論を探求することにより明らかになると期待されることの一つは、誠実さ、忍耐、慈悲など幾多の徳目が示されるとしても、その根本はアッラーとの誓約に基づく信念であり価値観として、いずれもが同根であるということだ。だからそれらはバラバラにあるのではなく、いわばぎっしり詰まった一房のブドウの実にも例えられるということである。それらすべての徳目は、互いに補強し合っているともいえよう。

以下においては、美徳・悪徳をいわばペアーとして対置して、主要な徳目全体を一覧してみたい。ただし時に、信仰上の倫理綱領と法的権利の混同が、甚大な現実的混乱を招いていると見られる事例が、例えば正義という概念をめぐっても見受けられる。大半の過激派行動において、倫理道徳上の正義概念をそのまま直接行動の原動力にしている事例などである。こうしてイスラームにおける倫理道徳の本格的な研究としてはその限られた枠組みを出て、広く現実社会との関連に関しても注意する必要があることを指摘しておきたい。

【1】誠実と嘘

誠実

誠実（スィドク）とは真実と思うところを他人に伝えることとされて、言葉以外に動作や沈黙も含む。自らが罪を犯し他の人がその咎めを受けているのに黙っているとすれば、不誠実であり虚偽

礼拝

になる。誇張も虚偽で、一部の真実を語るのも同様であり、約束の不履行も不誠実である。

家庭、学校や社会全体が誠実さを基礎としている。それは人間生活の基本である。一つの嘘を隠すのに、またいくつかの嘘が必要となる。そして結局は信用を失う。それが誠実でないときの損失である。

誠実を考えるために、イスラーム文献では次のような事例が示される。

医者が患者の重態であることを心配をかけまいとして話さない場合は、虚偽には当たらない。正直というのはその真実を知る妥当な権利のある人に話す場合だけである。

戦争の場合、他国に虚偽の情報を与えれば嘘になるのか。そうではない。第一、戦争自体、通常の正直と嘘の基準が適用されない。例えばある人に嘘をつくことを宣言してから嘘を言うようなもので、それを信用する方がおかしいということになる。

また人を笑わせ興味をそそるために、嘘を使うような場合も責められるのであろうか。イソップ物語で動物が話をするのはすべて嘘にすぎず、それは許されないのだろうか。そうではなく、寓話であることは明白だから、それは虚偽には当たらない。
クルアーンには、二二七ヶ所に真実、あるいは真理という用語が名詞形（ハック）で登場する。アッラーへの誠実さは信仰そのものであるが、それが人間の誠実さの原点であり、人間同士の誠実さはその投影と位置づけられる。
「**かれ**は真理をもって、あなたに啓典を啓示され、その以前にあったものの確証とし、また（先に）律法と福音を下され、この前にも人々を導き、（今）また（正邪の）識別を御下しになる。」（イムラーン家章三：三、四）
「（本当に）信仰するならば、アッラーの教訓に、また、啓示された真理に、心を虚しくして順奉する時がまだやって来ないのか。」（鉄章五七：一六）

嘘

心で信じていないことを口にするのが嘘（カズィブ）である。それが真実でなければ事は簡単だ。しかし例えば、不信者が「アッラーは偉大だ」というような場合、それは不信者にとっては嘘だが、真実であるという意味では嘘ではないということになる。そこで戒められる嘘とは、それを語る人の心で信じていることではないということとなる。

もう一つの場合は、言っていることと行っていることが違う場合である。多くは、良いことを口にしていながら、実際はそれを守っていないケースである。

「あなたがた信仰する者よ、アッラーを畏れ、（言行の）誠実な者と一緒にいなさい。」（悔悟章九：

一一九）

嘘は自分に対するものを含む。例えば怠けに対する言い訳などだが、それが続くと自分でも本当と嘘との区別がつかなくなる。これは暗闇から突然外へ出たときに、光で目が眩むようなものだと例えられる。

嘘が限定的にではあるが、認められる場合があるという。それは嘘により、それが無いよりも大きな利得があると見られる場合である。

第一には前述のように、敵からの防衛のためである。第二には、対立する双方をなだめて仲介するときに、他に手段がなければ嘘も認められるとされる。第三には、夫婦や家族間の絆を強めるためである。

美しい妻を持つ夫を殺害せよとの命令を出した横暴な支配者ファラオがいて、美しい妻サーラは「自分の姉妹である」と預言者イブラーヒームが嘘をついて逃れたことは知られている。ただしその姉妹とはイスラームにおける同胞という意味で、通常の場合の嘘ではなかったとも説明される。

現代社会では約束事や契約に関して、虚偽がないことが特に重視される。それはアッラーへの誓約とも重なったかたちで、クルアーンには多数の言及がある。

「約束を果たしなさい。全ての約束は、（審判の日）尋問されるのである。」（夜の旅章一七：三四）

「（心ある者とは、すなわち）アッラーの約束を全うし契約に違反しないで、結ばれるようアッラーが命じられる者と一緒になり、主を畏敬し、（審判の日の）悪い精算を恐れる者である。」（雷電章一三：二〇、二一）

イスラームでは「正義」や「不正」の感覚が鋭く日常生活に浸透しており、それは現代の日本社会以上であると見られる。

〖2〗正義と不正

正義と公正

正義を定義するなら、アッラーに認められた人間の正当な権利（ハック）が実現しているかどうかということであるが、権利と真理は同一の用語であり、正義（アドゥル）とは真理を愛することでもあるとされる。

権利は平等でも能力や生産量の実質が不平等であれば、報奨はどう考えるのか。そのような場合、悪平等ではない実質上の平等が求められる。

正義と慈悲の関係も議論される。正義の権利を持つ人がそれを譲渡あるいは放棄して慈悲を優先させる場合には、それは是認される。例えば盗もうとした人を、慈悲でもって許すようなケースである。

クルアーンには、正義という名詞形では、一四回出てくる。そのうちのいくつかを次に引用する。

「本当にアッラーは、正義と善行、そして近親に対する贈与を命じ、またすべての醜い行いと邪

悪、そして違反を禁じられる。」（蜜蜂章一六：九〇）
「無法者がアッラーの命令に立ち返るまで戦いなさい。だがかれらが立ち返ったならば、正義（アドゥル）と公平（キスト）を旨としてかれらの間を調停しなさい。」（部屋章四九：九）
「実に**われ**は明証を授けて使徒たちを遣わし、またかれらと一緒に、啓典と（正邪の）秤を下した。それは人々が公平を行うためである。」（鉄章五七：二五）（筆者注：キストは平等な分割であり、公平と訳されるが、正義と同一視される）

ところでイスラームの正義の概念は、喧嘩両成敗といった日本になじみのある発想ではない。物事の内実に入って実質的に相対立している二者間の衡平を図る、つまりそれによって本来両者が保持すべき正当な権利が確保されているかどうかという問題である。

そうすると当事者のそれぞれが保持するという権利が極めて重要な要因となる。しかしその権利は、例えば相続権などはクルアーンでも比較的細かに明記されている方だが、全般的には詳細な規定はない。そこはイスラーム法学の発達を待たなければならなかった。

ところが大きな事案、例えばパレスチナ問題などになると、事態はそれほどには単純ではない。何をもって認められた権利と考えるのか。合意された基準は必ずしも存在していない。だからそれぞれの抵抗運動で自分が正しいと考える権利を持ち出す事態を招くこととなる。そのいずれもが、アッラーに認められていると信じてのことである。遺憾ながら古典であれ現代版であれ、倫理書にはそのような具体的な事例に即した検討は示されておらず、いろいろの解釈を呼び込んでいる。そこでより明確な法学の分野へ議論は移されて、侵略者に対する神命による戦いである聖戦のジハード論で自らの立場を固めることとなるのである。

現世の諸問題から神学世界に飛躍する習癖を是正し、暴力のサイクルに適切な歯止めをかける柔軟な議論が強力に出されない限り、中東の力の衝突の繰り返しは終わりを知らないだろう。冷静な議論の成熟が切に待たれるが、現状ではそのような環境は整備されていない。

不正

不正（ズゥルム）は一般的には、他者の権利を不当に奪うことであるとされる。アッラーには人間に服従を求める権利があるが、信仰しない者はその権利を犯していることになり、したがってアッラーに対して不正を犯していることとなる。
「本当にアッラーは決して人間を害されない。だが人間は自らを害する。」（ユーヌス章一〇：四四）
クルアーンの規定上、政治的な不正の詳論は見られず、以下のように利子、詐欺、強奪、賭け事、盗み、賄賂など経済的なものだけが列挙される。この傾向は、イスラーム法学でも同様である。政治面での詳論なしでは政治的なガス抜きができず、突如の爆発を招く遠因となっているとも見られる。
「あなたがた信仰する者よ、（真の）信者ならばアッラーを畏れ、利息の残額を帳消しにしなさい。……だがあなたがたが悔い改めるならば、あなたがたの元金は収得できる。（人々を）不当に扱わなければ、あなたがたも不当に扱われない。」（雌牛章二：二七八、二七九）
「あなたがた信仰する者よ、誠に酒と賭矢、偶像と占い矢は、忌み嫌われる悪魔の業である。これを避けなさい。……悪魔の望むところは、酒と賭矢によってあなたがたの間に、敵意と憎悪を起こさせ、あなたがたがアッラーを念じ礼拝を捧げるのを妨げようとすることである。」（食卓章五：九〇、九一）（筆者注：矢を投げて賭け事をしたり、矢を引いて占いをすることは、アラブ部族の風習であったが、イスラームでは禁止された）

「盗みをした男も女も、報いとして両手を切断しなさい。これはかれらの行いに対する、アッラーの見せしめのための懲らしめである。」（食卓章五：三八）

「不誠実な者は審判の日に、その着服したものを持ち出すであろう。その時各人は、その行いに対し完全な報いを受け、不当に扱われない。」（イムラーン家章三：一六一）

〖3〗禁欲と強欲

禁欲

欲するものを抑制することが通常の禁欲（ズゥフド）の意味だが、イスラームではアッラーに認められているものを抑制し自粛することに限定される。アッラーに認められているものは、二種類に分けられる。一つは篤信を深めるもので、その端的な例は礼拝である。もう一つは篤信に役立たないかまたはそれとは関係ない内容の事柄である。前者の篤信行為について自粛することはありえないので、したがって禁欲が成立しうるのは後者についてのみとなる。

アッラーに否定されて認められていないものを回避することは、忌避という。例えば、誤った内容を含む説教には、耳を閉じたり欠席したりすることがある。

イスラーム法上の諸行為の範疇である、義務、勧奨、任意、抑制、禁止という五区分と異なり、倫理道徳では善と悪の二分割であり、そのうち善には最大化すべき部分と禁欲すべき部分があるという構造になっている。重なるところはあるが、概念上は倫理道徳規範と法規定とは別の体系であることがここからも明らかであろう。

最大化を図るべき篤信行為と戒められるべき悪という両者の間に位置することとなる倫理道徳律が禁欲である。その存立原因は、人の野望や欲望にはきりがないからであり、またそれらはアッラーを亡失させ誤道に導くものであるからだ。

欲望を抑えるようにとの教えは、クルアーンに満ち溢れている。

「あなたがたの現生の生活は遊びと戯れに過ぎず、また虚偽と、互いの間の誇示であり、財産と子女の張り合いに過ぎないことを知れ。……本当に現生の生活は、虚しい欺瞞の享楽に過ぎない。」（鉄章五七：二〇）

「（本当に人間は）富を愛することに熱中する。」（進撃する馬章一〇〇：八）

こうしてイスラーム信仰における禁欲は、清貧を求める精神へとつながってゆく。必要以上のものを持たず求めないという生活態度。この徳目を最近は節度（イッファ）として言及することが多い。イスラームに聖職者階層を作らなかった理由も、人々を極端な信仰に駆り立てず節度ある信仰を維持するためだとされる。イスラームの歴代の指導者の禁欲的な言動は、多くの読み物として編纂され読み継がれてきた。

強欲

人の享受すべき権利を剝奪するものとして、心のあり方が問題とされる。それには、真実を見過ごさせるような怒り、真実を見ることができなくなるような強欲、精神状態を揺さぶるような恐怖心の三つが挙げられる。そのような心理状態にある場合は、それを除去し平常心に戻してくれるような作用を必要とするであろう。

強欲（タムウ）という言葉はクルアーンには出てこない。強欲かどうかは自分で考えるほかに方法はない。もちろん究極的には、アッラーがご覧になっているということは忘れてはならない。自分で考える際の一つの指針をこの悪徳の教えの中に見出すことが倫理綱領としての役割である。

それは不当に権利を求めることである。何が不当か、それは妥当な質量以上のものすべてである。そこに自分の真実を知るという必要性が前提条件として横たわっているのだ。そうすると正直、節度、禁欲、忍耐、謙譲などの諸徳目がすべて稼働されるということになる。

永遠の経済発展などあるはずもないことは誰しも知っている。ところが自分だけは、あるいは自国だけは例外だと思いがちなのも事実である。それを国の政策である程度はっきりさせる必要が現実的にはある。それと同時に一人一人が心の中で整理し、落としどころを覚悟することがなければ、逆に政策も収まりようがないのである。東日本大震災後は普通の生活を求める風潮が強まったともいわれているが、ここにも大きな運命の差配が見出されるのである。

〔4〕感謝と恨み

感謝

感謝（シュクル）をするには、言葉、心、手の動作などの手段を用いる。それはすべての恵みや与えられた恩恵に対して行われるものである。ただし一般的なものに対してではなく、特定の個別の事柄に対するものである。またそれは人がアッラーに対してするだけではなく、逆にアッラーによっても人に対して行われるものである。

それに対して、称賛は特定の言動に対するものとは限らず、素晴らしい特性一般に関して行われるところが感謝と異なっている。そこで称賛は人がアッラーに対して行うもの、となるのである。また称賛は、言葉と心で行われ、手の動作は含まれない点も感謝と異なる。

感謝はクルアーンに頻出している。

「これはわたしの主の御恵み。わたしが感謝するか、または恩知らずかを試みられるためです。本当に感謝する者は、自分のために感謝するも同然。誰が恩知らずであっても、わたしの主は、満ち足られる方、崇高な方です。」（蟻章二七：四〇）

ここで、「自分のために感謝するも同然」とあるのは、アッラーに感謝すべきものについて感謝することは、アッラーから見てその人は正しいことをしているので一つの善行をなしたと見なされ評価されるので、自分のためにしたのと同じだということを意味している。自分に感謝する、ということではない。

アッラーが人に感謝されるとは、どういうことであろうか。それは、帰依する人を評価して報奨や恩寵を与えられるということである。クルアーンに四回出てくるが、それは例えば次のようなものである。

「**かれ**は、十分にかれらに報奨を払われ、お恵みを余分に与えられる。本当に**かれ**は、度々赦される御方、（帰依に）十分感謝される方であられる。」（創造者章三五：三〇）

「あなたがたがもしアッラーに善い貸付をするならば、**かれ**はあなたがたのためにそれを倍加なされ、あなたがたを御赦し下されよう。本当にアッラーは感謝にあつく大度におわします。」（騙し合い章六四：一七）

恨み

通常、感謝の反対は感謝しないということで、不信（クフル）が持ち出される。クフルには蓋をするという原義があり、それは本来の清純な心で感謝するところを、アッラーの恵みに蓋をしてしまうので、その正常な機能を果たさないと考えるところからきている。ここで注意したいのは、クフルは悪徳としては登場しないことである。それは一つの動作、もしくは状態であり、蓋をすること自体は悪徳としては数えられていない。さらにいえば、蓋をすることは不信仰そのものであるから、倫理道徳を根本から覆すものということになる。

そこで感謝の美徳に対比しうる悪徳として恨み（ヒクドゥ）を取り上げることとする。人は感謝すべきところを、恨むことがあるからだ。お土産をもらったのに、それが期待外れだと不服を言うようなものである。

恨まないようにすべきことは、クルアーンに次のようにある。イスラームの初期、マッカからマディーナへ遅れてきた者たちが、すでにいる信仰者（先行していた移住者と、もともとマディーナに住む援助者たち）の戦利品を羨ましく思わないように、次のように祈りを上げた。

「主よ、わたしたちと、わたしたち以前に信仰に入った兄弟たちを、お赦し下さい。信仰している者に対する恨み心を、わたしたちの胸の中に持たせないでください。」（集合章五九：一〇）

慈悲を持って憎悪を駆逐すべきであるともいっている。

「善と悪とは同じではない。（人が悪をしかけても）一層善行で悪を追い払え。そうすれば、互いの間に敵意あるものでも、親しい友のようになる。」（フッスィラ章四一：三四）

天国へ入る者は、内心に隠れる恨み心などを除去してもらって、完璧な幸せを授かることとなる。

「**われ**はかれらの心の中の怨恨を除き、かれらの足元に川を流す。」（高壁章七：四三）

恨みといっても現代社会は柔和さに満ちているので、あまり強い恨みを覚えることはないかもしれない。もっと日常的に溢れているのは、人の悪口を言うケースであろう。それについてはクルアーンに次のようにある。

「信仰する者の間にこの醜聞が広まることを喜ぶものは、現世でも来世でも、痛ましい懲罰を受けよう。」（御光章二四：一九）

ムスリムの間では、アッラーの教えの達成という共有された大きな目標がある以上、それを忘れて小さなことで不平不満を募らせるなという教えである。日本式にいうとすれば、他人の足を引っ張ることに忙しいといったさもしい心は、もっと広い心で克服しようということにもなる。

〔5〕忍耐・寛容と怒り・狭量

忍耐・寛容

本能的な反応を抑えて、冷静さを保ち理性的な判断をすることにより、多くの福利が得られるとされる。怒り、恐怖、欲望、反射的反応、焦燥心、苦痛などが、忍耐を必要とするケースして挙げられる。

クルアーンには九〇を越える箇所で忍耐（サブル）が取り上げられるが、忍従することは善行なのである。その代表的な言葉を次に引用する。

「あなたがた信仰する者よ、耐え忍びなさい。忍耐に極めて強く、互いに堅固でありなさい。そしてアッラーを畏れなさい。そうすればあなたがたは成功するであろう。」（イムラーン家章三：二〇〇）

「**われ**は恐れや飢えと共に、財産や生命、（あなたがたの苦労の）果実の損失で、必ずあなたがたを試みる。だが耐え忍ぶ者には吉報を伝えなさい。」（雌牛章二：一五五）

つまりあらゆる苦難を、アッラーが与えられた試練と見なすのである。キリスト教では人間のこうむる苦難は、キリストがすべて代表して背負ったと考え、後はそのキリストに対する敬愛に努めるのが信者の務めであるとされる。

それに対してイスラームでは、預言者イブラーヒームがその息子イスマーイールを犠牲に付すようにアッラーに命じられて、いったんはその決意を固めたという出来事が最大の苦難であったと考えられる。結局イブラーヒームはそれを決心しただけで、アッラーに赦されることとなった。そのときの苦難を偲んで、断食明け祭りと並んでイスラームの最大のお祭りである犠牲祭が行われることとなったのであった。

忍耐を失うときは自己中心となり、その分アッラーを忘れているということでもある。頭がいいとか悪いといった問題ではない。他の人への親切心も忍耐の一つの表れである。

こうして見ると忍耐は、平常心を保つことでもあり心の寛大さでもあり、それは結局人間は多様であることを十分認識し、人間の力で左右できないことも少なくないことを熟知し、そういった認識に基づく思考と判断をするというところに帰着しそうである。それはアッラーを意識して小事に惑わされることなく、物事の本質をわきまえ、不動の精神を涵養することでもある。クルアーンの次の節は、すべてを語っているようだ。

「だから耐え忍べ。本当にアッラーの約束は真実である。」（ガーフィル章四〇：五五）

「性急さは悪魔から、忍耐は信仰から」というのは日常的な諺である。

怒り・狭量

この怒り（ガダブ）という徳目は、勇敢であるとか堅固で男性的な、という良い意味に誤解されがちだったと、古典書で警告されているのには、微笑ましいものがある。波が荒れて船の到着が遅れたとして海に対して怒った話や、月を謳った詩が頭に残り眠りを妨げたといってその月に怒った話が、当時の国王をめぐって記されている。そしてそれらは面白おかしくバカバカしい話であって、称賛されるような話ではないと説明されている。(6)

さてもう一つ、怒りに関して面白いことがある。それはクルアーン上、ほとんどの場合、怒りはアッラーの不信者に対するものとして出てくるということである。数えてみると、それは一八回ある。他方、人間の怒りはたったの五回の場面でしか出てこない。

ムーサーがいない間に黄金の雌牛を奉ったことに、彼はそれが不義の輩のすることとして激怒したのであった（高壁章七：一五〇、ター・ハー章二〇：八六）。そしてその後、彼の怒りは静まった（高壁章七：一五四）。魚に飲み込まれる話で知られるズン・ヌーンが激怒して出かけた後で、アッラーに祈りを上げて救助された話もある（預言者章二一：八七）。また怒った人を許す人は、アッラーの報奨が下されることとなる（相談章四二：三七）。

以上の五回以外は、すべてアッラーの怒りの表現である。

「わたしたちを正しい道に導きたまえ。**あなた**がお恵みを下された人々の道へ、**あなた**の怒りを買っていない人々、また踏み迷っていない人々の道へ。」（開端章一：六、七）

こうしてアッラーは怒られる。いつも怒っているのは悪徳だが、怒りがいつも悪徳であるとはいえないということだ。

〔6〕信頼と見せかけ

信頼

人がアッラーに寄せる信頼（アマーナ）は信仰であり、アッラーが人に寄せられるものは信託であり、人々が互いに寄せ合うものが信頼である。裏切りや見せかけは、信頼の反対である。

信仰とは真実であると信じることであり、何を真実と信じるかといえば、それには六ヶ条あるとされる。アッラー、天使、預言者、啓典、最後の審判、運命のあること、の六ヶ条である。それでは、人間同士についてはどうかといえばほぼ信仰の類推で、相手方を真実と信じることであると解釈されている。例えば友人のいうことには嘘はないと信じることである。

預言者ムハンマドは若いころより人望が厚く、綽名はアミーン（信頼できる人）であった。クルアーンにも頻繁に出てくる用語である。信頼の全貌に触れているのは、次の節である。

「あなたがた信仰する者よ、アッラーとその使徒を裏切ってはならない。また故意に、あなたがたへの信頼を裏切ってはならない。」（戦利品章八：二七）

ここで人間同士の信頼にも言及されているが、経済、政治、社会関係は問わない。

エジプトの歴史家であり倫理家としても知られたアフマド・アミーン（一八八六―一九五四年）は、息子へ宛てた手紙の中で次のようにいっている。

「最も重要なことは、真実の言葉を守り、正しいことを実践することである。私はこのような態度を持して大変に得るところがあった。時にはそのために、苦労もし、また眠れないこともあった。しかしそれによって私は心の安寧を得たし、また周囲の人々から、私のいうことやすることに信頼が寄せられた。彼らはたとえ理由が分からなくても、私についていわれたことは何でも温かい目で見てくれた。(7)」

彼はたとえ自分の不利益を招くような場合でも、正直さと人の信頼を大切にするほどの頑固さがあったことでも知られている。時代変革のときこそ、このような徳目が重視され、またそれゆえの評判も立ちやすい状況が生まれるのであろう。

いずれにしても自分に不利益が予想されるような場合でも、倫理道徳の教えが守れるかどうかが究極の分岐点となる。またそのように目標を高く掲げるところに、倫理道徳の意義があるといえよう。

見せかけ

見せかけ（ニファーク）は、まずは信仰していると見せかけることで嘘であり、その他ムスリム社会から利益を得ようとする強欲さなどの悪徳も作用している。さらに不信仰を告白できない気弱さも際立つ。これら嘘、強欲、気弱さの三要素が見せかけを構成するとされる。

それはムスリム社会に対するスパイでもある。またそれは敵に情報をもたらす泥棒でもある。彼らの罪は、不信仰を正直に公表した者よりも大きくなる。

見せかけは、個人的と集団的の両方がありうる。あるいは、一時的な場合と継続的な場合もある。このようにどっちつかずのフラフラした人の処罰は重い（偽信者たち章六三：三、婦人章四：一三七）。

クルアーン第二章の雌牛章だけでも、偽信者の特徴については一三ヶ所に出てくる。しかし信者については三ヶ所だけであり、告白した不信者たちについては二ヶ所だけである。これは偽信者がどれだけ用心を必要とし、害が大きいかという証左にもなる。そこでこれらの偽信者の特徴を以下に列記することとする。

アッラーと最後の日を信じると口では言いながら心ではそうは信じていない場合、それはアッラーと真の信者を裏切っているようだが、実は自分を裏切っているのだ。それは、心が病んでいるとも表現される（雌牛章二：一〇）。

自分は改善しているつもりが、実は社会を腐敗させている（同章二：一一、一二）。あるいは、自分は賢明で他は愚鈍と思っているが、実はその逆である（同章二：一三）。

信者に虚偽を語るときの顔と、悪魔と向き合うときの顔という異なった顔を持っている（同章二：一四、一五）。この点は不信を公表する者たちとは違っている。

いつも不信者仲間は分裂を恐れている。そしてできるだけ逃げ隠れする性向がある（悔悟章九：五七、抗弁する女章五八：一六）。

不信者はしばしば外見が良く、人当たりが良い。立派な風体と雄弁な言葉については、クルアーンで言及されている（偽信者たち章六三：四）

ちょっとした所作に不信の心が表れてくることがある。預言者が彼らのためにアッラーへ赦しの祈りを上げられるとき、顔を背けて傲慢に背を向けて去っていったという（同章六三：五）。あるいは不信者が信者と口論したとき、不信者たちはその指導者が帰国後マディーナにおいて信者を一掃するだろうと口走った（同章六三：八）。

不信者が一緒に出征しても、ただ足手まといになるだけだとされる（悔悟章九：四七）。またこの炎暑のさなかに出征するな、と言って抵抗したりする。要するに決断力に欠ける（同章九：八一）。

幸運にあえばそれはアッラーの御許《おんもと》からだというが、災難にあえばそれは預言者ムハンマドからだという。すべてはアッラーからだという原点がわきまえられない（婦人章四：七八）。まったく同様な振る舞いを、ムーサーに対しても示したのであった（高壁章七：一三一）。

〖7〗悔悟・謙譲と慢心・傲慢

悔悟・謙譲

過ちを犯してから、正しい真実の道へ戻ることが悔悟（タウバ）である。それは主として、信者がアッラーに対して行うものである。人間同士であれば、それは遺憾の意を表明することになる。また過ちを犯さないために常に真実の道を外れないように慎重な姿勢をとる場合は、謙譲に近くなる。そしてそれらに対比されるのは、尊大であり傲慢、そして不信仰である。

アッラーも人に対して、同種の行為をとられることがある。それは悔悟する人に対して、その過ちにもかかわらず恵みを与えられることで、免ずるという意味になる。悔悟する者には、アッラーは免ずるのに走ってその信者に近づかれるともされる。そこに、戻るの意味がある。
クルアーン第九章は「悔悟章」と訳されるが、そこでの悔悟も右のようにアッラーと人との間の双方向なものである。

人は過ちを犯しがちな存在である。そのように創られているのである。そこでそもそも間違いに対して、あまり厳しい処罰がないように嘆願する言葉もクルアーンには用意されている。
「（人々は）自分の稼いだもので、（自分を）益し、その稼いだもので（自分を）損なう。……「主よ、わたしたちがもし忘れたり、過ちを犯すことがあっても、咎めないでください。」」（雌牛章二・二八六）

ただし悔悟の条件といった事項が専門的には議論されて、例えば次の夜明けまでにそれをする必要があるといったことがいわれる。また悔悟によってどの程度のお赦しが出るか、といったことも議論される。不信仰になった者には信仰が、大罪者には篤信が、小罪者には篤信のより高い段階が与えられるだろう、といった調子である。しかしこれらはあまりに細かい議論であり、これ以上詮索しないこととしよう。

何をどの程度悔いるべきかについては、各自のあり方次第である。それぞれの人が持つ、誠実さ、情け心などのレベルが問われるのである。高い水準の人であれば大いに反省するだろうが、道徳観念の低い人はどうしようもない。この点は法律事項とは異なって、自由裁量の余地が大いに与えられている。自分が反省するかどうかの主体であり、対象となる。

クルアーンを引用しておきたい。預言者アーダムもエデンの園で過ちを犯し、その後で悔悟して許されたのであった。

「こうしてアーダムは主に背き、過ちを犯した。その後、主はかれを選び、悔悟を赦されお導きになられた。」（ター・ハー章二〇：一二一、一二二）

「だが悪事を行った後、罪を悔いてその行いを改める者には、アッラーは哀れみを垂れられる。アッラーは寛容にして慈悲深くあられる。」（食卓章五：三九）

慢心・傲慢

傲慢さ・高慢さ（イスティクバール）や尊大さ（キブル）は、慢心（タカッブル）、自惚れ（アジャブ・ビンナフス）、驕慢（グルール）といった用語とも交錯している。ここではそれらすべてとの絡みで見なければならないが、一応「傲慢さ」で代表させることとする。

傲慢さは人と人の関係にもあるが、最終的にはアッラーに対してその偉大さと権能を否定し無視するような段階もある。他人に対して優越したいという願望が人の心に働くのは競争心によるものであり、視点を変えれば生存本能とつながっている面もありそうだ。そして優越しているかどうかとは別に、そうであると信じたい性向のために、傲慢さの原因が作られる。または、人は自分の欠点を知りつつも、それを無視してまで優越感を貪る悪癖も持っていると思われ、それも傲慢さの原因となってくる。

心に少しでも傲慢さを持っている人は天国には入れない、と預言者はいわれたそうだ。クルアーンにもいろいろの言葉がある。

「**われ**の印を信じる者とは、それが述べられたときに敬慕し身を投げ出して礼拝（サジダ）し、主の栄光を讃えて唱念する、高慢ではない者たちである。」（アッ・サジダ章三二：一五）

主の近くで称賛し続けるのは、傲慢でない天使たちである。それはクルアーンの次の節にある。

「本当にあなたの主の側近にいる者は、**かれ**を崇めるのに慢心することなく、**かれ**の栄光を讃えて唱念し、**かれ**にサジダする。」（高壁章七：二〇六）

「本当に天にあり地にあるすべての生きものも、また天使たちも（アッラーにサジダし）、かれらは（主の御前で）高慢ではない。」（蜜蜂章一六：四九）

アッラーに対する敬慕の心がいわば原点であって、それは半面畏怖の心でもあり、そこから人間関係における謙遜も生まれ出て、傲慢さを避けさせてくれるのである。そしてそれは結局一人一人の心に宿ることとなる。

傲慢さを排すべき理由の一つは、それが物事の真相を見えなくしてしまうからである。「誰でも皆死を味わうのである。だが復活の日には、あなたがたは十分に報いられよう。（またこの日）業火から遠ざけられた者は、楽園に入れられ、確実に本望を成就する。この世の生活は、偽り（グルール）の快楽に過ぎない。」（イムラーン家章三：一八五）

傲慢さは自惚れと表裏一体であり、それは幻影の驕慢であり、それがすでに見た「偽り」と重なる。真実な生活とは何か。それはアッラーの示された道を着実に歩むことに尽きるのである。

日本では傲慢さは人間関係だけで理解されがちである。それは互いの関係がきしみ始める原因として警戒されることを、誰しも経験上知っている。しかしイスラームでは、そのような不都合があるからという人生訓や生活便宜上の配慮が理由ではないことに注意を促したい。

〖8〗慈愛・慈悲と妬み

慈愛と慈悲

慈悲（ラフマ）や愛情に関しては前章の精神生活の一面としても取り上げた。本章の倫理徳目としても最重視されるので、繰り返しになるものもあるが、以下に記す。

慈悲についてはアッラーについていう場合と、人に関していう場合とがある。文字通り慈しむ心であるが、例えば全被創造者への場合は、慈愛として区別することもある。慈悲はより特定された対象が念頭にある。したがって、慈愛はアッラーにだけ可能で、人間には慈悲だけしか可能ではない、という関係を見出す場合もある。しかし本来の慈悲は主だけに可能であり、人の慈悲心とは。主のそれを人のために願うことでしかないという整理がなされる。

慈しむ心とは、愛情と極めて類似性が高い。そこで人が持つアッラーへの敬愛や人同士の愛情が検討の課題となるのである。次のクルアーンの節は、それら敬愛や愛情の関係を説明している。

「あなたがたがもしアッラーを敬愛するならば、（預言者である）わたしに従え。そうすればアッラーもあなたがたを愛でられ、あなたがたの罪を赦される。アッラーは寛容にして慈悲深くあられる。」（イムラーン家章三：三一）

アッラーに対する敬愛には、深化の諸段階といったことが議論されている。最終的にはそれで心が満たされて、通常の感覚ではなく茫然自失となるとされる。

アッラーを敬愛するとは、アッラーを称賛し嘆願することにほかならないと定義される。また称賛は感謝の極まったものとされるので、結局はアッラーへの感謝がすべてということになる。

アッラーへの敬愛は、人々への愛の原点のように見られることが多い。人の持つ愛情は、気持ちがぶれないためにアッラーが好ましいものに対して信者の心を結び付けられる現象である。したがってアッラーの好まれるものを愛するのは正しいことで、アッラーの嫌われるものを嫌うのも正しいのと同様である。

前章ですでに見たが、愛情に関しては次の有名な預言者伝承がある。

「自分が好きなものを同胞のために好きにならなければ、その人はまだ信仰しているとは言えない。」

こうして特に個々人ではなく、広く集団の人たち全体への愛情が念頭にあるようだ。人々をアッラーの教えに従うように呼びかけることは、結局それはアッラーへの敬愛に基づいていると解される。同時にアッラーが禁じられることから人々を遠ざける努力も同様である。

クルアーンにいう。

「男の信者も女の信者も、互いに仲間である。かれらは正しいことを勧め、邪悪を禁じる。また礼拝の務めを守り、定めの喜捨をなし、アッラーとその使徒に従う。これらの者に、アッラーは慈悲を与える。」（悔悟章九：七一）

他方で、不信者や見せかけの信仰者は敵であって、それは慈悲の対象から外されるのは当然である。イスラームはこの点、非常に現実的な描写をしているようだ。

「信仰する者よ、あなたがたの妻や子女の中にも、あなたがたに対する敵がいる。だからかれらに用心しなさい。だがもしあながたがかれらを赦し、大目に見て、かばうならば（それもよい）。」（騙し合い章六四：一四）

いずこの教えも人の愛を説き、その愛の根源として絶対主への敬愛が説かれる。そしてその逆方向として、絶対主の方からの慈悲が信徒に向けられるという構造である。

ちなみに、慈悲と慈愛の両者を意味する名詞形（ラフマ）のかたちで、クルアーンには一一二回出てくるので、それがどれほど枢要な理念であるかという傍証となるであろう。

妬み

他者への慈悲ではなく、災禍を望む気持ちが妬み（ハサドゥ、ガイラ）である。それはその他者が自分と直接の関係があって利己心がそうさせる場合もある。あるいは直接の関係はないが、他人の幸福が自分の不利になると受け取られて妬ましくなる場合もある。

それは自らを欺き真相を隠すという意味では、前節の傲慢や驕慢とつながっていることが分かる。また妬みは、前述の強欲や一般の嫌悪感ともつながっている。

妬みは羨ましい気持ちから出発することもある。クルアーンで原則的な指摘がある。

「アッラーがあなたがたのある者に、他よりも多く与えたものを、羨んではならない。男たちは、その稼ぎに応じて分け前があり、女たちにも、その稼ぎに応じて分け前がある。アッラーの御恵み

を願え。誠にアッラーはすべてのことをよく知っておられる。」（婦人章四：三二）

妬みが激しければ、他人の恵みを自分のものにしようとさえ願う。あるいは自分のものにならなくても、他者からその恵みを取り去るだけで満足する場合もあるだろう。最も激しい場合として、恵みを奪うだけではなくその持ち主に対して何らかの危害を加えようとするかもしれない。だからクルアーンにいう。

「黎明の主にご加護を乞い願う。……嫉妬する者の嫉妬の悪（災厄）から。」（黎明章一一三：一〜五）

クルアーンには、妬みにまつわる物語も少なくない。アッラーが天使たちに対して、アーダムに頭を下げるように求めたが、悪魔のイブリースだけはそれを妬んで拒否した（雌牛章二：三四、高壁章七：一一、アル・ヒジュル章一五：三〇、夜の旅章一七：六一、洞窟章一八：五〇、ター・ハー章二〇：一一六、サード章三八：七四）。またアーダムの二児の話がある。弟ハービール（アベル）の犠牲をアッラーが受け入れられたが、自分の犠牲は受け入れられなかったことを妬んだ兄カービール（カイン）は、人類初の殺人を犯してしまった（食卓章五：二七〜三一）。父ヤークーブ（ヤコブ）は息子のユースフを残りの一一名の息子たちよりも大切にしたので、息子たちが非常に妬みを持ってユースフを殺そうとした話もある（ユースフ章一二：四〜一八）。

ではどうすれば妬みを克服できるのだろうか。それには自分の心の準備と鍛錬が求められる。そもそも人間は試練を受けるために生まれたこと、そして福が本当は災いであり、災いが福であるかもしれないことを知り、拒否するものが福であり愛するものが災いであるかもしれないことを知るべきである。福と災いは一体であるかもしれないし、それらは程度の差であるかもしれない。

こうして、アッラーこそはすべてをご存知であることに思いが至れば、そこで安寧がその人の心に満ち溢れるだろう。それはまた、何をもって満足すべきかを自分で納得して知ることにもなるというのである。

【9】嘉し・嫌悪・盲信

嘉し

嘉《よみ》し（リダー）は主として、アッラーと信者の間の徳目である。アッラーは信者の帰依に満悦され、信者はアッラーへの服従を喜悦する関係である。双方向ではあるが、多くの場合はアッラーから信者への方向のものを指して使われる用語である。

人間同士に当てはめられることが少ない分、崇高な調子のニュアンスを持っている理念でもある。ただし、人名としては、この「リダー」はしばしばお目にかかるので身近な言葉となっている。

アッラーへの喜悦であれば、それはアッラーへの感謝であり、称賛とも内容は同一で、種々ある表現の一側面にすぎないということにもなる。称賛は感謝の極まったものと理解されることは、前述した。

クルアーンにはそのあたりが峻別されないで頻出する。アッラーと人間との双方向を指していることが、以下の引用から確かめられる。

「アッラーはかれらを喜ばれ、かれらもまた**かれ**に満悦する。それは大願の成就である。」（食卓

章五：一一九）

「アッラーはかれらを愛でられ、かれらも**かれ**に満悦する。これらは、アッラーの一党（信者）の者である。本当に、アッラーの一党の者こそ、非常な幸福を成就する者である。」（抗弁する女章五八：二二）

次は人間界の場合である。まず人間同士の納得ゆく合意を指している場合である。

「だがマハル（結納品）が定められた後、相互の合意の上なら、（変更しても）あなたがたに罪はない。」（婦人章四：二四）

あるいは、われわれが一番普通に満足するという言葉を用いるケースと同様な用法もある。

「あなたがたは来生よりも、現世の生活に満足するのか。現世の生活の楽しみは、来生に比べれば微小なものに過ぎない。」（悔悟章九：三八）

同じ喜びであっても大局的には、アッラーとの関係におけるそれであることを意識させられるところに、信仰を背景に持つ強みがあると思われる。ただの肉感的、生物的な快楽や満足とは次元の異なる喜びに、表現と形式が与えられているのだ。それだけ信者はその違いについての意識も明確に持つこととなる。

嫌悪

あまり大きな項目ではないが悪徳の類に入れられる徳目には、嫌悪（カラーヒヤ）、憎悪（ブグドゥ）、嫌気（ヤアス）など類似の言葉がある。そのうち一番悪徳として現れるのは、嫌悪である。

物事を嫌悪する中でも、アッラーの言葉を預かる預言者たちを嫌悪することは、すなわちアッラーを受け入れないということにもなり、最も警戒を要する。預言者サーリフはサムードの民に遣わされたが、彼は預言を伝え始めるまでは人々に好かれていた。しかし教えを広め始めると、人々は彼を怪訝《けげん》な目で見始めることとなった。

「かれらは言った。『サーリフよ、あなたはわたしたちの中で、以前望みをかけた人物であった。(今)あなたは、わたしたちの祖先が仕えたものに仕えることを禁じるのか。だがあなたが勧める教えについて、わたしたちは真に疑いを持っている。』」(フード章一一：六二)

預言者ムハンマドも、若いころより周囲の人に好かれ、信頼される高潔な人物であったとして知られる。しかし啓示開始後は、大変な迫害にあったのであった。

嫌悪は、クルアーンではしばしば不信者の行為として登場する。

「それであなたがたは、アッラーに誠意を尽くして托し、**かれ**に祈願しなさい。たとえ不信者たちが忌み嫌っても。」(ガーフィル章四〇：一四)

ただしアッラーが嫌うようにされることもある。

「だがアッラーは、あなたがたに信仰を好ましいものとなされ、またあなたがたの心を、それにふさわしくして、あなたがたに不信心と反逆を嫌うようになされた。」(部屋章四九：七)

盲信

これも何をどの程度模倣し伝統を維持するかという問題であり、柔らかな判断が求められる徳目である。伝統の良い面は、当然引き継がれるべきだからである。

理性を働かせない場合や利己心が絡むような場合は、問題が生じやすい。預言者の伝えるところを拒否した蒙昧の人々や不信者の話は、クルアーンでは祖先に盲目的に従う人々として扱われている。

「かれらに、『アッラーが啓示されたところに従え。』と言えば、かれらは、『いや、わたしたちは祖先の道に従う。』と言う。何と、かれらの祖先は全く蒙昧で、（正しく）導かれなかったではないか。」（雌牛章二：一七〇）

「何と、かれらの祖先は全く知識もなく、また（正しく）導かれなかったではないか。」（食卓章五：一〇四）

「だが人々の中には、知識も導きもなく、また光明の啓典もなく、アッラーについて議論する者がある。」（ルクマーン章三一：二〇）

イスラームでは理性を極めて重視することも、この機会に想起しておきたい。

以上のように倫理道徳上の徳目は、法律事項のようには項目は定まっておらず、論者によってその選択はある程度は自由である。それも倫理道徳の世界の自由さと広さを示しているようだ。

第五章　信仰体験論

求道の精神は禁欲、誠実さ、厳格さなどに満ち満ちている。そういった具体的な姿を通じて信仰は研磨されていく。それは多くの模範的な信徒のあり方を描き提示する信仰体験記述に見出される。巡礼記録も例外ではない。

信仰体験論は日々の信仰体験などを綴った内容であり、枠組みは自由で不定形だが、それだけ読者に訴える自然な力も強いものがある。随筆集のようなかたちをとることも少なくない。

まず初めにイスラームの原初的な体験の様子を訪ねてみたい。預言者ムハンマドに啓示が降りた七世紀初頭以来、当時のイスラームのあり方に根本的に手が加えられたものは何もない。むしろそのような逸脱を回避し、あるいは気がつけば是正したり軌道修正したりされてきた。それらの筆頭として聖者信仰や神秘主義といった思潮、あるいは墓参の慣行などの問題があった。

ではどのような心的風景がイスラームの原像として見えてくるのであろうか。(1)

〔1〕預言者ムハンマドの姿

西暦六一〇年、啓示が始まるまで預言者ムハンマドは、特にラマダンの月になるとマッカ郊外にあるヒラー山に上り、そこの洞窟で一人黙想する日々を過ごすこととしていた。それは精神を浄化し、真実を見極めるためであった。その間、妻ハディージャが少しずつ食料を運んだとされる。八五〇メートルほどの標高だが、そこへの道のりは現在でも均されておらず、急勾配で岩肌が荒々しいかなり危険なものでもある。

ここに見られる求道者としての世俗欲から遠ざかる禁欲的な修行ぶりは、時間的には啓示の始まる前だからイスラーム以前のものということかもしれない。しかしそのような心的浄化と昂揚があったからこそ啓示があったとも理解される。そしてその禁欲的で純粋に道を求める者の心根が、イスラームにおける精神状況の原像として浮き彫りにされるのである。

この側面は名誉心を避けるといった心的な方面だけではなく、外的な、たとえば彼の衣服や食物の面でも控えめで最小限で事足れりとする態度などにも確かめられるのである。また預言者ムハンマドは高貴な家柄とされるクライシュ族出身であったが、そのような出自に関わる特権や待遇もかなぐり捨てていたということになる。

このときの様子はおよそ次のように特徴づけられる。

節約、畏怖、帰依、禁欲、篤信などで彩られ、世俗から遠ざかり信仰を求めていた。

宇宙の偉大さ、素晴らしさ、その規則正しいことなどを瞑想していた。柱がないまま誰が空を持ち上げたのか、そこに誰が光を創り、星をちりばめたのか。大地を広げたのは誰か、そこから水を出させて放牧できるようにしたのは誰か、また種々の雌雄の植物を出し、また形状やサイズや色彩や味わいを異にするいろいろの果実を創ったのは誰か、といったことを。

預言者はまた考え続けた。人を一番素晴らしい形状に創られたのは誰か、聴覚や視覚を与え、筋力と活力、行動と思索を可能にしたのは誰か、と。(2)

以上の求道者としての側面と重なりつつ改めて注目されるのは、預言者がいかに信心深い心境であったか、というイスラーム啓示開始後の信者としての精神状況である。

「本当にアッラーの使徒は、アッラーに終末の日を熱望する者、アッラーを多く唱念する者に

とって、立派な模範であった。」（部族連合章三三：二一）

なかでも強調される特性は、過ちを悔いて主に悔悟することがしきりであったということであろう。一日の間に、彼は七〇回から一〇〇回は悔悟してアッラーの赦しを請うたとされる。それほどに通常ならぬ繊細な神経をもって自らを律していたともいえよう。あるいはそれほどに主の存在を常に間近に感得していたとも表現できる。

勤行の厳格な順守など彼が信者として際立った行動をとっていたことを間接的に示す証左としては、クルアーンに次のような言葉がある。その理解のためには、彼が悩んでいると見られるほどに、厳しく自分を律していたことを背景として想定する必要がある。それを前提に降ろされた啓示の言葉である。

「**われ**があなたにクルアーンを下したのは、あなたを悩ますためではない。主を畏れる者への、訓戒に外ならない。」（ター・ハー章二〇：二、三）

預言者ムハンマドに関しては、いうまでもなく歴史を通じて多量の文献が積み重ねられてきた。それらを通じて右に見た求道者や信者としての心根以外の側面についても、彼の精神状況として語られるものが少なくない。

その一つは預言者としてのそれである。例えば啓示を受ける際の精神状況については、多様な描写が伝えられている。落雷にあったような激震が走り、時に意識を失ったり、あるいは記憶喪失の症状も一時的には見られたようだ。

あるいは有名な「夜の旅（イスラー）」の物語にあるように、天馬に乗って一夜でマッカからエルサレムに飛び、そこで礼拝を上げてから天国に誘われ、暁までにはマッカに戻るといった出来事が伝えられている。天国ではアーダムほか先達の預言者に会うと同時に、アッラーより一日五回の礼拝の仕方を教示されたのであった。つまり当初は五〇回するようにとの命令であったのを、地上では五回まで軽減してもらったということだ。ただしアッラーは一回の礼拝の功徳を一〇倍に増加されたので、結局同じ量の恵みを授かることが確保されたとされる。

しかしながらこういった様々な状況は、預言者として啓示を受けるという、他の一般人にはありえない場面における模様である。したがってそれらの場面における精神状態について、ここでこれ以上叙述することは控えることとする。

最後に取り上げる別の側面は、預言者の人間としての偉大さである。まずクルアーンにいう。

「本当にあなたは、崇高な特性を備えている。」（筆章六八：四）

彼の人格の高邁さや性格の素晴らしさを称賛する言葉も多く伝えられている。預言者伝承集にはそのような章が設けられている。そこでは預言者がいかに謙遜家であり慎み深いか、あるいは思いやりがあり人々に圧迫感を与えず逆に非常に親近感を持たれていたか、いかにハンサムで白肌で上品な容姿であったかなどが列挙されている。(3)

これらは多分に人が尊敬すべき理想像であり、なかでも心は平静で、慈悲深く寛大であったといった彼の偉大な徳性については注目される。しかし本節では預言者の信仰上の心的世界に焦点を絞るのが趣旨であるので、その人格の全体を取り上げることはこれ以上はしない。(4)

預言者の人格が及ぼしてきた影響の大きさについても、看過するわけにはいかない。今日でも日々の礼拝等を通じて、世界で最も称えられる人物は預言者ムハンマドであるということだが、それだけに彼の人格の世界的な影響力は、それこそ語り尽くされぬだけの質と分量である。それをここでは象徴的に比喩をもって語ることで済ませるしかないだろう。

彼の歴史を通じた影響力の大きさは、マディーナからマスジド建設が世界に広まったことが、象徴しているようでもある。元は預言者の質素な家の隣にあった空き地を礼拝所として利用したことが、その始まりであった。礼拝の方向（キブラ）を示すために小石を置いたり槍を立て掛けたりし、そのすぐ近くには三段からなる台がしつらえられていた。それが説教台（ミンバル）の始まりであった。そしてこれらがその後世界に広まる、マスジド建設の雛形を提供した。またそれが数百万人を収容する現在の壮大な預言者マスジドのキブラとミンバルの定位置となっているのだ。

預言者ムハンマドの影響力の大きさは筆舌に尽くしがたい分、このような世界へのマスジド建造発展の話で象徴させることとした。

〔2〕教友の姿

イスラームの原像としては預言者と同世代の教友たちの姿も一応見ておくこととしよう。彼らは預言者を模範として行動することとなった。

その第一のグループは、預言者の後継者となった四代の正統カリフたちである。彼らのいずれもがその禁欲ぶりや篤信ぶりで特筆されるべき言動を示していた。

第一代カリフのアブー・バクルの言葉として、「われわれは篤信に栄光を、確信に豊かさを、謙譲に名誉を見出した」というのがある。(5) 第二代カリフのオマル・イブン・アルハッタ－ブは説教のときの上着に四ヶ所、下着には一二ヶ所の穴があいていたが、そのぼろ服を自分の手で洗濯もしていたという。第三代カリフのオスマーンは殺されたときもクルアーンを手にしていたというほど、クルアーンを肌身離さずにいた。第四代カリフであるアリーは、信者たちが見習うように衣類にわざと穴をあけたともされる。そして一般にはこの最後のカリフであったアリーが一番禁欲的であったと評される。彼の言葉に、「昼も夜も忍耐を競うが、短気は悪魔の仕業だ」というのがある。

正統カリフのそれぞれが有徳の士として信者の敬意と愛情の対象であるのは、預言者と同類の話である。それぞれに様々な逸話が残され、大部の伝記も各種編纂されてきた。また彼らの事跡は預言者伝承集でも格別の扱いがなされている。だが右に見た各カリフの人となりに関する多少の言及で筆を止めることとする。

以上の正統カリフたちもさることながら、当時の同世代の教友たちで高位に就かなかった人たちの中にも、イスラームの原像を示すような姿で生き抜いた人たちは少なくなかった。その一つの際立ったグループとして、「スッファの民」と称される人々がいた。

この人々は、マッカからの移住民とマディーナの住民で構成されて、預言者に従った両勢力の支持者からなっていた。彼らは家族も財産もない貧しい人たちであったので、彼らのためにマディーナにある預言者マスジドの一隅の軒を使って、仮設住居（スッファ）が設けられた。もちろんこれが、「スッファの民」の語源となった。彼らこそは、進んで貧しさに身を任せる禁欲主義者たちであった。常にクルアーンを身から離さなかった人々でもあった。そしてクルアーンが読まれると、目には涙が溢れ、その皮膚は畏怖で鳥肌が立って震えていたといわれる。

クルアーンの次の言葉は、「スッファの民」が念頭にあるものとされる。

「(イスラームの)先達は、第一は(マッカからの)遷移者と、(遷移者を迎え助けたマディーナの)援助者と、善い行いをなし、かれらに従った者たちである。アッラーはかれらを愛でられ、かれらもまた**かれ**に満悦する。」(悔悟章九:一〇〇)

アルティルミズィー(没八九二年)やマーリク(没七九五年)の編纂した預言者伝承集に「スッファの民」の高潔さに言及したと解釈されるものがある。

わたしの教友たちは星のようで、かれらの誰であれ、あなたが指導を求めたならば、あなたは導かれるであろう。[6]

預言者自身やその家族は「スッファの民」をしばしば訪れて話を交わし、また彼らの生活ぶりに共鳴していたという。第四代カリフであったアリーの息子であるハサンは、彼らの礼儀や作法に信仰の極みを見出したともいわれる。預言者の言葉を多数後代に継承した人として知られるアブー・フライラは、一生を通じてこの「スッファの民」の一人であった。彼は有数の預言者伝承記録者であったが、同時にその禁欲ぶりと貧困ぶりについても、多くの史書に記されて残されることとなった。

〖3〗禁欲主義の流れ

ここでは原像に見られた禁欲主義は、イスラームのその後の歴史的な展開の中で紆余曲折があったとはいえ、常にこんこんと絶えることのない泉のように流れ続けてきたことを振り返りつつ確かめておきたい。信仰上重要な側面であることは前述の通りであるが、同時にそれは時に過激に走る可能性も常に秘めていたという点も注目される。

キリスト教の厳しい修道院生活は、イスラーム初期より知られていた。そして預言者の周囲には肉を食べず、結婚もせず、寝台などでは寝ないと頑張る人がいたところ、そのような異常な厳格さは預言者によって戒められた。そして人々を極端な信仰に駆り立てず節度ある信仰を維持するために、イスラームでは聖職者を設けないことになったとされる。(7)

一方次のクルアーンの言葉では、預言者自身がアッラーによってたしなめられている。この啓示の背景には、預言者が蜂蜜を飲まないと妻たちの前で禁欲の誓いを立てたことなどがあったと説明される。

「預言者よ、アッラーがあなたのために合法とされていることを、ただあなたの妻たちのご機嫌を取る目的だけでなぜ自ら禁止するのか。」（禁止章六六：一）

歴史的にまず見るべきは、イスラームの初期には禁欲的であり篤信なことで特に知られる一群の人たちが各地にいたことであった。スッファの民もその一部である。他には、イラクの南部を中心とした一団、あるいはホラサーン地方にもいたことが知られている。

著名な人物としては、今のイラクに生息していたアルハサン・アルバスリー（没七二八年）がいた。彼は敬虔さ、禁欲ぶり、黙想ぶりで知られ、アッラーを畏怖すること、終末にどうなるのか分からないことへの心細さなどの感情に満ちていたとされている。

同時代のバスラの女性では、ラービア・アルアダウィーヤ（没八〇一年）の名前が知られている。彼女はアルバスリーの特徴に加えて、アッラーへの愛を強調し涙しつつ、尊顔を拝することに執着したと記録に出てくる。また悔悟、清貧、感謝、禁欲などでも人々に大きな影響を与えて、崇敬の対象となった。神のためにしか神を見ない境地に至った彼女にとっては、カアバ聖殿尊崇も偶像崇拝の一種とされ、マッカ巡礼の意味を問うまでになったという。そのような彼女の過激なまでの様子は多くの逸話として伝えられてきている。その言葉の一つに次のものがある。

私は現世のパンを食べ、来世の仕事をする。(8)

一〇世紀には、純正同胞団（イフワーン・アルサファー）と称する秘密結社の一団がイラクのバスラに現れた。彼らの活動内容や構成メンバーも詳細は知られていないが、五二篇の書簡集を残しているので、思想内容はそれなりに伝えられてきた。この書簡集は数学、自然学、心理学、そして神学の四部門で構成されており、最後の神学部分は宗派論、純正同胞団一派の功徳論、純粋な信仰論、シャリーアの性格論、政治論、魔術論などでなっている。

純正同胞団の目的は、心を清める学問によりその心を幸せにする努力を尽くすことであるとされ、禁欲も当然ながらその重要な要素に入っていた。またそのアプローチは哲学と信仰箇条の一致を目途にしていたとされる。そしてそのような目的のために、シーアの一派であるイスマーイール派、ペルシア、インド、プラトン、アリストテレス、新プラトン派哲学などの思想の諸要素をない混ぜにしたものとなった。

純粋な信仰を求める中で、哲学他の諸学を積極的に活用するという手法は、イスラーム最大の哲学者とされるイブン・スィーナー（没一〇三七年）らその後の哲学者に多くの影響を与えたと評価されている。他方、存在論については、その第一原因はアッラーであり、その要因が理性、精神、第一物質、身体、天体、鉱物、そして動植物に移転すると説明した。このような思想内容の評価は定まらず、場合によっては異端視されることもある。

次いで見るべきは、同じく九～一〇世紀以降に発達したスーフィズムである。スーフィズムは禁欲主義や神との合一を目指す神秘主義を中軸としていた。それはウマイヤ朝の物質的繁栄への反発や法学や神学といった学問よりは信者の内面を重視する立場を背景として出現した(9)。

スーフィーの呼称は彼らの身に着けた羊皮（スーフ）の服に由来するとの説や、前述したスッファの民がその語源であるとする説もある。いずれにしてもそれらの主張は、スーフィズムの源泉がイスラーム自身であるとの見解を支持することにもなる。さらには、スーフィズムが生まれた遠因としてインドの仏教やバラモン教との関連性を強調する一群の研究者もいる。例えば輪廻の思想、神との融合による万物単一説、悟りという直覚重視などの側面が挙げられる。さらにはペルシア、ギリシア、キリスト教などにその源流を見出す一派も出ている。

ともかくも、スーフィズムのもたらした、ダンスによって恍惚状態に入ることなど様々な新奇な諸儀礼、なかでも聖者崇拝の流布に対しては、イスラームからの逸脱であるとの批判の声が上がることは避けがたかった。そのような批判が逸脱の度合いが目立つところや、政治の中心地から距離のあるところに集中したのは自然なことであった。インドでも改革の狼煙は上げられた。その中でも最も鮮烈な批判の火の手が上がったのは、一八世紀のアラビア半島であった。

アブド・アルワッハーブ（没一七九二年）はイブン・タイミーヤ（没一三二六年）の後継者を自認しつつ、イスラーム浄化の運動を起こした。クルアーンと預言者伝承に忠実な立場をとり、イスラーム法の徹底的実施を求めることが主張の中心となった。やがて二〇世紀に入り、それはサウド王家の政治運動と連動するようになり、現在のサウジアラビア王国の建国につながったのであった。

こうして禁欲主義の流れが過度の勢いを食い止められることで、イスラームの弱体化が防がれて、いわば中興の祖に恵まれることとなった。しかし禁欲が人の欲望に限りがないことへの反省である以上、禁欲主義はおそらく世界の宗教に共通した要素であって、今後も浮き沈みがあるとしても涸れることのない不滅の泉であろう。

それぞれの倫理道徳上の徳目について現代風のものや古典の復刻版を含めて種々の出版物が出されている中、「禁欲」と題したものが多数見られることは、このテーマに関して引き続き現在も高い関心が寄せられていることを示しているといえよう。そもそもイスラーム歴の二世紀に当たる西暦八世紀以来約四〇〇年の間に、現存する古文書でも禁欲を専門に扱ったものが、一七種はあるとされる。[10]

その中でも最良の出来だとしてイブン・タイミーヤに絶賛されたのは、イブン・ハンバル（没八五五年）の『禁欲の書』である。彼はハンバル派法学の創始者であるが、その著作内容は預言者をはじめ幾多のカリフなど著名な指導者別に整理したものだが、主としてその当人にまつわる禁欲関連の預言者伝承が収集されている。同書は二つの出版社より校訂本が出版されている。[11]その他には、天国、地獄、その中間にある障壁（バルザフ）など具体的な場所や状況ごとに区別整理して、やはり主としては預言者伝承を整理して禁欲集としている作品もある。[12]

〔4〕体験の記録

ここでは具体的な様々な信仰体験記を取り上げ、紹介することとしたい。しかしそれは古来、体系立てられないまま無定形に多くの人が手がけてきたので、実際のところその全貌を十分に把握するのは難しいと思われる。そのためここでは著名な作品に一瞥を与えるにすぎない。

古くはイブン・アルジャウズィー（没一一七一年）著『随想の渉猟』[13]が知られている。失念、俗欲、忠実さ、志の高低、処罰の原因、時間と栄光、公正さ、神秘主義の逸脱、雑念、孤独、至福など、ほぼ三五〇にのぼる項目が連綿と、特定の順序なく続いている。同書は現在も種々の版元から出版されており、非常に純朴な信仰心を伝えるものとして広く流布している。

またイブン・アルジャウズィーには、『洞察』[14]と題する書籍もある。それは預言者および儀礼ごとに関連のよもやま話が語られ、著者当人による信仰上の経験や時々の心情が筆の進むに任せて記されている。このような自由な形式の作品が一二世紀の昔からたくましく発達していたことには、目を見張るものがある。

さらに彼には、『眼の時流』(15)という著作もある。これは現代風にいえば信仰用語集である。各用語を辞書のようにアルファベット順に整理して、用語それぞれに丁寧に解説が加えられている。本書でも扱った「安心」あるいは「安寧」などの術語も当時の理解の仕方が手に取るように判明する。

時代は下って、一四世紀のイブン・カイイム・アルジャウズィーヤ（没一三五〇年）を見てみよう。実に多数の作品が残されているのは、その師匠であったイブン・タイミーヤと同様である。本書第三章第五節に前出しているのは、『信者の段階』(16)である。これも覚醒、思考、配慮、悔悟、固執、恐怖など約一〇〇の項目を取り上げて解説が施されている。その多くは信仰関係であるが、特に「サキーナ」については、今日に至るも多くのアラビア語研究書の中でほとんど唯一の典拠としての役割を果たしてきた。

また『幸福の家への鍵』(17)という著作は、主題はいわゆる幸福論であるが、彼の論議の集大成ともいえる内容で、信仰体験についての記述も注目される。

最後に現代の作品で注目されるのは、アフマド・アミーン著『溢れる随想』(18)である。約五〇〇篇を収録したこの随筆集は、政治や社会問題も扱っているが、大半はイスラームの論議である。その中心となっているのは「ラマダーン月講演集」で、それは二三回に分けて実施された講演を記録したものだが、信仰をめぐる様々な問題について縦横に論じ、また自らの体験も混じえて綴った内容となっている。例えば「宗教と科学」の議論や、信仰の真髄を分かりやすく講釈する「精神生活」などは、現代社会や文明の動向を睨みながら実に明確な指針を提供している。

アミーンによると、信仰の頂上感覚は次のようにまとめて表現されている。

世界は見える外の世界と見えない内の世界の二つに分かれる。信仰は見えない世界に対するものだが、それは幻覚ではなく生まれついての人間の天性の一部である。外を認識するのは五感により、その結果知識がある。内を知るのは直観と覚知による。前者のために科学と哲学があり、後者のために宗教と芸術がある。宗教の柱は、啓示と内世界に到達するための霊操であり、それにより最高の力に最も高貴な感性で触れることができる。(19)

なおこのアフマド・アミーンには自伝が残されているが、その中には彼が幼少期よりどのようにアッラーを見出したかについての言及がある。それは平易ながら読者に十分な説得力があると思われる。

余りに神への思いがつのり、夢にまで見たことがあった。それは光のかたちで現れ、部屋一杯に広がり、「全能を示すため何かしてほしいことを言ってごらん」とのたまわった。そこで私は、鉄の切片からナイフを、木の切片から窓を作ってくださいと言ったら、そのようにして下さった。私はこの夢を家族に話したら、皆は大いに喜んでくれたので、私の神に対する愛は深まった。[20]

『5』巡礼記など

信仰のあり方との関連で、あらゆる巡礼体験の記述を越える重みのある言葉は、やはり次のクルアーンの言葉であろう。

「旅の準備をしなさい。だが最も優れた準備は篤信の念である。」（雌牛章二：一九七）

巡礼は一生をかけた大行事であり、古来旅行記の対象ともなってきた。よく知られているイブン・ジュバイル（没一二一七年）やイブン・バットゥータ（没一三六八／六九年）らの世界旅行記は遠隔の地アンダルシアやマグレブからのマッカ巡礼に端を発していた。巡礼に対する篤い思いはすなわち篤信の思いであったので、自然と随所にその熱しきった心情が露呈されているのである。[21]

別の事例として、例えばムハンマド・フサイン・ハイカル（没一九五六年）著『啓示の降りた場所』は彼の巡礼記録ではあるが、巡礼中でも頂点にある時間における彼の貴重な信仰体験記ともなっている。政治家で作家でもあったハイカルの筆にかかると、その信仰の純な思いがひたひたと伝わってくる。そして巡礼終了後エジプトに帰国してから、赤子の心に戻って誠実一筋の日々を過ごす決意を語るくだりは、多くの巡礼経験者に共通する感情と覚悟を読者に知らしめる。ちなみに西欧風の近代化を図ろうとしてきたエジプトの思潮を、アラブ・イスラームの伝統と文化に回帰させた一九三〇年代の大転換の端緒となったのも同書であったと一般に評価されているくらいである。

その筆致の一端をここで見ておこう。巡礼中に祈りが最高潮に達する巡礼月九日のアラファの日における彼の心情は、アラビア語では韻文調の名文で著されている。

> この偉大な巡礼の霊的世界は今この地点で集結し、またこの瞬間、毎年集結するのだ。そしてそのとき、この世の虚飾を離れ地上で御教えが実現するように、また正義と平和が実現するように、アッラーに祈念するのだ。(22)

巡礼（筆者撮影）

巡礼記については、日本人ムスリムの筆によるものもいくつか出されているので参考になる。しかしその大半は戦前の古い筆致のものである。(23)

スリランカの神秘主義者による巡礼記は、カアバ聖殿は信者の心の中にありとして巡礼を内省化した視点からまとめている。また欧米の巡礼記も少なくないが、それらがイスラーム信仰の体験記録としてどの程度参考になるかは慎重に見定める必要があろう。[24]

なお本節では巡礼をめぐる著述を紹介したが、実は礼拝であれ断食であれ、各勤行をめぐってはそれぞれに信仰体験を霊的なタッチで描写した著述がなされてきている。それらの一群は霊験記（ルーハーニーヤート）と呼ばれているものであるが、その影響力の大きさにもかかわらず、イスラーム諸国の圏外ではほとんど調査や研究の食指が伸びずに今日に至っていると思われる。[25]

熱心さは議論を招来する。信仰もその例外ではない。しかし過去の課題と現代社会では、その争点は異なっている。科学との競合関係、あるいは物質主義との闘いに挑まなければならないのは、イスラームだけではない。

第六章　信仰論争の系譜

イスラームの最初期は当然ながらしっかりした信者を増やし、彼らの共同体を樹立することが急務であった。信仰をめぐる議論もそのような観点からの諸問題が優先度の高いものとなった。イスラームの基本的な信仰箇条は何か、見せかけや付和雷同の信者を見分けること、またどのような罪を犯した者が共同体から追放されるべきか、そして信仰は増減するのかといった問題などがかまびすしく論じられた。

ところが一九世紀以来の西欧からの文明的な衝撃により、信仰論議も大きく変容することとなった。要するに、かつてはイスラームと西洋の強弱関係がまったく逆であったはずなのに、近代科学の圧倒的な力を眼前にして一体どうしてこうなったのか、それはイスラームの何かが悪いからなのか、そして何をどうすればいいのか、というイスラーム文明復興の議論が陰に陽に主流を占めざるをえなくなったのである。

そこで本章第一節ではまず、初期の古《いにしえ》から一九世紀までの時代について、どのような諸派の議論がなされてきたかを箇条書きで簡潔に見ることとしたい。かかる動向は思想史的にはダイナミックであり興味が尽きないものの、人々の実際の信仰生活におけるその位置づけは、時代の推移とともにすっかり変貌を遂げてしまった。

〔1〕諸派の形成

どの宗教であれ議論が盛んになると、学派が形成されるケースもあれば、共同体の政治指針となり党派的な動きを示すこともある。時の支配者間の闘争の具として特定の派を支持し、それに対抗するものを弾圧するようなパターンも見られた。

まず特記しておくのは、シーア派の誕生についてである。その全貌を示すことは大きなテーマであるが、ここではその要点のみを記す。シーア派が生まれたのは、イスラーム暦第一世代のころ、西暦七世紀のことであった。それは基本的には、正統カリフのアリー（没六六一年）の人望が高く、彼を強く支持する人たちがその死後も遺徳を偲んだことが出発点となった。アリーの信奉者たちは、イスラームの教えは彼に預言者ムハンマドより秘伝されて、それはアリーの直系しか伝えられないと主張し始めた。ちなみにアリーは、預言者ムハンマドの娘婿でもあった。そしてこの一派は、「アリーの党（シーア・アリー）」と呼ばれたところから、シーア派という名称が定着したのであった。

シーア派は当時のウマイヤ朝と対立して、アリーの息子フサインがウマイヤ朝により殺害されたのでますます両者の対立は深まった。そしてフセインが殺されたのは支持者である自分たちが十分に彼を守らなかったからだと悔やんで、これをきっかけに自身の身体を痛めつける毎年の恒例行事が始まった（アーシューラーといわれる時期に実施）。なおシーア派に従うと、アリーは初代のカリフであるということになる。それまでの三代のカリフの継承は、秘伝が伝授されていないので認められないということである。

アリーの後は、正式に秘伝を伝授された特定のイマームに従うとする基本思想により、シーア派内部でも分派活動を推し進めることとなった。一六世紀以来、イランで国の宗派として正式に採用されてきた一二代派は、指導者がその代でお隠れになったとする。正式のイマームが現れるまでは小指導者でつなぎ、いずれ現れる一三代目のイマームを待とうという救世主待望論の考え方である。五代派（イエメンのザイド派）や七代派（一一世紀エジプトのファーティマ朝や現在もインドにあるイスマーイール派）も同様の発想で、それぞれ五代目、あるいは七代目で秘儀を伝える指導者のイマームはお隠れになったと考えるのである。またレバノンやシリアに多いドルーズ派やアラウィー派もシーア派とされる。これら分派の多様性を跡づけてその系譜を追う作業は、一つの大きな研究分野となっているほどである。

イランがどうしてシーア派を採用したのかは、自らのアイデンティー確立の問題であり、背後にはアラブとの対抗意識が強い。アラブの方でも、従来アジャミーと称して、イラン人を何かと二流市民扱いする向きがあった。アジャミーとは「外国人の」といった意味でアラブではないということを一義的には意味する。

このような流れの中で、一〇世紀に至りスンナ派もようやく自らの名称（アフル・アルスンナ・ワアルジャマーア）を持つようになり、その簡略な呼称として「スンナ派」が誕生した。その名称の原語の意味は「慣行と総意の人々」ということで、コーランに次いで重要な預言者伝承で示される預言者の慣行と関係識者の総意により物事を決定し進めるという意味である。それは合議制であるから、アリーであれ誰であれ、秘伝された教えはないと考えるところがポイントである。

こうしてイスラームの中に、主要な拮抗関係が出来上がったことになる。その性格は、本来信仰箇条の理論的な根本問題をめぐるものではなく、誰を指導者にするかという問題であったのだが、時代の波にもてあそばれているうちに事態は硬直化してしまった。

当初は、両派の信徒間の結婚は日常茶飯事であったし、両派のモスクが隣同士に建てられることも珍しくはなかった。しかし一六世紀にサファビー朝が一二代派を正式に国教と定めてからは、抜き差しならない様相を帯びることとなった。そして西の王者としてオスマン帝国というスンナ派の旗手が確立されたのであった。

以下でスンナ派の主要な神学諸派をほぼ時系列に一望しておこう。ただしアシュアリー派とマートゥリーディー派以外の諸派は、異端と見なされるのが現状である。

- **ジャフム派**：イスラーム初期の分派で、ホラサーンの人、ジャフム・イブン・サフワーン（没七四五年）がその祖とされる。神がすべてを完全に定められているとする予定説とアッラーの属性の比喩的解釈を支持。
- **カダル派**：ウマイヤ朝末期、ダマスカスにあってジャフム派に対抗、人間の自由意志説と倫理的責任を唱える。下記のムウタズィラ派につながった。
- **ムルジア派**：ウマイヤ朝の七世紀に起こり、多神崇拝以外なら罪を犯しても信者であるとして行為と信仰を分けて捉えた。このような「罪ある信者」は地獄行きが必定とするハワーリジュ派やムウタズィラ派と異なり、穏健で中立的な思想で知られる。
- **ハワーリジュ派**：行為も信仰のうち、とした。ただしこの派はさらに一四もの小分派に分かれ、オマーンのイバード派もその一つである。反逆者とされたムアーウィアとの調停を受け入れようとした第四代カリフのアリーを殺害した。外見的な行為から不信者であると判断しうるとの立場であるので、武装闘争にも結び付きやすい傾向が指摘される。

■**ムウタズィラ派**：八世紀前半にバスラで起こった一派で、論理的思考を軸としてイスラーム史上最初の体系的な神学を提示した。行為と信仰に関しては前二者の中間を行ったが、クルアーンの創造説、預言者ムハンマドの執り成しを否定、正義はもともとあるのであって、アッラーは正義を識別するだけであること、アッラーの九九の属性の中で古い（カディーム）だけが本質であること、アッラーの擬人的解釈の否定、などがその主張点であった。中庸を行く理性派ともいえるが、極めて抽象性が高いのでアシュアリー派を中心とする一般のスンナ多数派の反発を呼ぶ結果となった。

■**アシュアリー派**：一〇世紀の人、アシュアリーが創始した。彼自身はハンバル法学派であったが、大半の同派神学者はシャーフィー法学派に属していた。ギリシア哲学の影響もありムウタズィラ派の思弁的傾向も引き継いで、この流派がセルジューク朝以来スンナ派神学を代表するに至った。クルアーンは創造されたものではない、全き予定説、多神崇拝以外で異端とはならない、アッラーには力、知識、視聴覚、顔、手、口があり、玉座におられる、預言者の執り成しはある、信仰は言葉と行為を含み信仰の増減がある、クルアーンとハディースに依拠すべし、などの主張をした。またこの世は偶有であり、変化の基体が実体であるというわゆる原子論を展開した。抽象性を克服した反面、アッラーの直接性が減じられ、アッラーの愛への参入を説く神秘主義の瀰漫《びまん》を招いたとされる。

▪**マートゥリーディー派**：前二者の中間を行く立場で、ハナフィー法学派。一〇世紀サマルカンドの神学者マートゥリーディーに始まるが、一一世紀、中央アジアからセルジューク朝の西遷に伴って東アラブ世界にも進出した。人間の自由意志説（ムウタズィラ派）、アッラーの属性の永遠性（アシュアリー派）を支持。信仰は心の問題として行為を除外する点はムルジア派に近い。アシュアリー派と並ぶ正統神学派と認められる(1)。

なお後述するように現代では、イランのソルーシュらのように、信仰と神学を区別して信仰そのものの強化を目指すべきだとして、習慣や大勢順応でムスリムとなるのではなく、自由意志と個人的コミットメントで篤信となるほか、もっと内省的な信徒となるようなことを強調する人たちもいる。

〚2〛近代以降の原理主義的な動向

長い時間の中では、様々な逸脱や改竄《かいざん》も見られるようになり、それらを一掃しようという原理・原典重視主義が起こることとなった。それは自らの社会の腐敗と弱体化を目の当たりにしての、自省と誇りを傷つけられたことに対する反発心が起爆剤となっていた。

早くは一八世紀、アラビア半島でハンバル法学派のムハンマド・ブン・アブド・アルワッハーブ（没一七九二年）が徹底的な原典重視による改革を訴えていた。彼らはアルムワッヒドゥーン（一神論者）と自称したが、この命名方法に、すでに彼らの思想の原点が示されていた。この運動はサウド一族の独立運動の精神的支柱ともなって、二〇世紀に入ってから、サウジアラビア王国の建国につながった。

アルアフガーニー（没一八九七年）らによる一九世紀以降の汎イスラーム復興運動、さらには反植民地主義運動も、その源泉はやはり原典重視のイブン・タイミーヤらの思想にまで遡る。これらの総称がアルサラファイーヤ（祖法重視）運動である。

その中でもより体制順応的な姿勢を基本とする思想が、一九世紀から二〇世紀初めにかけて、エジプトのムハンマド・アブドゥ（没一九〇五年）やラシード・リダー（没一九三五年）によって理論化された。それはシャリーアの積極的な再解釈により、イスラームと近代との調和の可能性を示したことが大きな貢献と評されている。

しかしより強く原理・原典重視を訴える流れも引き続き健在であり、それはさらにリビアのアッサヌースィーヤ教団にもつながっていった。また政治的に急進派の、ムスリム同胞団、ヒジュラ・ワ・タクフィール（悪からの避難と不信者宣告）一団、果ては昨今のヒズボッラー（アッラーの政党）やターリバーン（神学生）派、カーイダ（基地）一味の思潮にも影響を及ぼしている。

イスラームの原点が何がしかの変貌を遂げているわけではないし、そうあることは宗教として当然でもある。しかしその原点への接近方法や、それを取り上げる際の諸側面全体のバランスなどに、時流として軽重の差や優先度に変遷が見られてきたということである。また特定の考えを推進することにより、それ以外の支持者を排除するというかたちで政治運動化するケースも多かった。

〔3〕近代西欧文明との対峙

一九世紀以来のイスラーム諸国にとって最大の課題は近代西欧文明との対峙であり、したがってイスラーム文明復興の方策いかんということにならざるをえなかった。この課題はあたかも大津波のようなもので、イスラームの信仰論もその大潮流に余すところなく巻き込まれる運命となったのであった。そんな中、右に見た原理主義さえも俯瞰《ふかん》すれば西欧への対抗策としての一選択肢という性格が濃厚であるといえよう。(2)

この文明復興の議論の中心的な論点は、西欧近代科学が多くの解決策を提供するとすれば信仰に残された役割は何か、あるいは宗教信仰を否定する唯物主義を掃討できるのか、ひいてはイスラームは文明復興の課題にどのように貢献できるのか、そしてイスラーム改革はどうあるべきかといった諸点であった。それらを一つずつ見ていこう。

信仰と近代科学

これについては、アルジェリア出身でマディーナの預言者マスジドの教師になり、また多数の著作で知られる、アブー・バクル・ジャービル・アルジャザーイリー（没一九九九年）が非常に流布された書籍の冒頭で存分に述べている。本論点に関する一つの典型的な論法といえよう。

この宇宙の諸現象に関して、科学者たちはその原因や神秘性を巡っては完全にお手上げだと認めている。方法を聞くとしても、理由は聞いてくれるな、というのである。どのようにしてと聞かれれば回答はあるが、それはどうしてと聞かれると回答はないのだ。それは神的な啓示の分野であり我々には近づきがたいとするのだ。

確かに科学は長足の進歩を遂げたが、人類の苦難は変わりない。日々より大きな苦労を背負い込んでいるようなものだ。現実を実際に見ればいいのであって、真実の教えは人間にとって必要であり、その代替物がないことは明白である。人の完全性と幸福はその教えに依拠しているのであり、結果は原因に、帰結はその理由に従っているのである。(3)

科学は進歩しても、人の苦痛自体が解消されたのではなく、むしろそれは増大し先鋭化しているとすれば、その解決策は物的なものではないということになる。精神的であり心的な施薬がなされなければならない。それは代替されえない信仰固有の役割であるとするのである。

もちろん右以外にも多くの論者が類似の議論を展開してきた。時代は遡るが、エジプトの歴史家でイスラームに関して初めて実証史学の手法で迫り、イスラームの発生は周囲の幾多の宗教の影響も受けていたと論じて物議をかもしたアフマド・アミーン（没一九五四年）の主張も補強のために見ておこう。彼は一九四二年のラマダーン月に四回にわたって「科学と宗教」と題する講演を行った。(4)

真実は科学でのみ到達できるのではなく、芸術や宗教も同様に異なる側面の真実を明らかにしてくれる。可視的で物質的な側面は科学が明らかにしてくれるし、芸術は美や清純さといった不可視世界を扱う。それら両者を越えて、宗教は精神性を扱い、それは抽象的なものに意味を与え、全宇宙の第一原因も明らかにしてくれる。結局のところ宗教と科学は互いに補塡しあうのであって、真実探求という点では合致している。

次の講演で、続けて言う。

進化論は決して創造の根源を解明するものではない。また科学はいかにという方法論を論じても、それは何かという本質論には答えないのである。そして最後に出る言葉としては、アッラーは宇宙の主であるということに尽きている。

以上は科学の圧倒的な力を前にして、イスラームの、そして宗教全体の変わらざる固有の意義を強調している。本質は何か、そしてなぜという問いかけ、あるいは人はなぜ生きるのか、人生の目標は何かは科学の課題を越えたものであるという指摘である。この指摘は、いかに宇宙論の進展があっても、何も痛痒を感じないものなのであろう。

唯物主義の排斥

近代科学は思想的には唯物主義に帰着する物質主義であり、これも排斥されねばならないという結論は多言を要しないとする論法も、近現代のムスリム識者の間でしばしば見られる。これについては、現役のイスラーム伝道者として高名なカタル在住のエジプト人ユースフ・アルカラダーウィーの議論を見ておこう。

> （物質主義者の見る人間とは）重要性はなく何も格別なことはない存在だ。地球上の多様な生物の一つにすぎず、動物、昆虫、あるいは這い回る動物や（飛び跳ねる）猿の一種にすぎない。結局それは時間の経過により「進化」したにすぎず、結果として人間になったというのだ。そしてそれが住む地球は太陽系の天体の一つであり、その太陽系も全宇宙という膨大な全体の一部にすぎない。それは何十億という単位である。こうしてコペルニクス以来の近代的宇宙論によってわれわれは、人間とは壮大な宇宙の中の取るに足らない極小の存在であると教えられた。[5]
>
> 確かにわれわれは宇宙と比較するならば、規模といい寿命といい極小である。しかしその魂と精神的な意味合いからすると、実に大きいのである。……信仰を持つ人は、死は人間の終幕だとは考えないで、それは終わりのない永遠への引越しであると考えるのである。永劫の家への移転にすぎないのである。[6]

ドイツの哲学者ニーチェ（没一九〇〇年）は「神は死んだ」と説いたが、唯物主義からすれば物的数的に証明されない事柄には市民権はなく、市民権のないものは誤解と失策を生じる悪魔ということになる。一方イスラームからすると、それは最も唾棄すべき現代の不信者（カーフィル）の考え方にすぎないということになるだろう。現代社会では唯物主義がイスラームの最大の敵ということにもなる。

この論争で人間について一番問題は、結局のところ魂の存在とその働きを認めるかどうかという点にかかってくることとなった。当然イスラームはそれを正面から認めるところから出発する。

そこでドイツのシュペングラー（没一九三六年）の周知の著作『西洋の没落』の次の一節は、格好の証左としてムスリムたちがしきりに引用するものとなった。

信仰の喪失から、人は心の平安を失い、その代わり科学的猜疑心が広まった。同様に人は精神的なものを忘れて物質的なものを重視した。そして永久の現実という幾世代にわたる証拠が求められるものよりは、もっと入手が容易な現実に頼ることとなった。(7)

一九三〇年代に出版された同書は、欧米では知的には二流品としての評価が与えられている。しかしそのような評価の作品に依拠することが問題なのではなく、本節でのポイントはイスラーム流の主張を助ける好材料は西欧側からも提供されており、それにイスラーム側は意を強くしているという点である。

イスラーム改革と文明復興

この論点については、父子二代にわたり論陣を張ったアフマド・アミーンとフサイン・アミーン（没二〇一四年）の議論を見ることとする。父アフマドは歴史家であり文明論者であったが、西欧文明に欠けている人間性をイスラームに見出し、それを拠点として新たな文明の興隆を夢見たのであった。息子フサインはイスラーム法には大いに刷新すべき諸点があり、それを通じてイスラーム信仰の不動の側面と合わせることで存在の真実に迫り、それに基づく歴史の展開が真の文明の蘇生になると主張した。両者の共通した認識は、イスラーム信仰の真髄は歴史を越えた不動の教えであるが、一方で、時代の要請に沿った改変をその周辺部分に施してゆく必要があるということである。

ところが右のような柔軟性は元来イスラームの中に秘められているとしつつも、具体的に何をどうするという方策は彼ら二人によってはほとんど示されずに終わった。このことは、イスラーム全体としては一つの大きな文明的変革期を迎えているということであり、現状としてわれわれはその生みの苦しみを垣間見ているという段階にあると理解してよいのであろう(8)。

それでは両者の展開した議論をそれぞれ見ることとしよう。

まず、父アフマドが文明のテーマに関して書き始めたのは一九三〇年代半ばであり、一九三九年には彼の主要な論点となる東洋の精神主義と西洋の物質主義というテーゼが登場する。彼には底流として西洋に対する拭いがたい反発心が流れていたといわざるをえない。イスラームと西洋の不幸な出会いについて、一九五二年の著作『イスラームの一日』において、彼は次のように述べている。

イスラームと近代文明の協調を図るすべての試みは、現在までのところ失敗に終わっている。というのも、近代文明のアプローチは刀と砲火によっていたからで、それは説得と（双方の）現実的利害の観念に立脚していなかったからである。それは新しい発明と科学技術を片手にし、もう一方の手には搾取と植民地主義を携えていたのだ。そのようなアプローチでなければ、ちょうどギリシア、ペルシア、トルコの諸文明を受け入れたように、イスラーム側の反応も憎悪に満ちたものではなかったであろう。さらには、十字軍の時代から今日まで、熱狂的なキリスト教徒が手を下して侵害していた事情もあった。最後にムスリム側は、心理学でいう劣等感に見舞われていたこともあった。(9)

西欧に対する憎悪と猜疑心は三重の構造になっていると見られる。まず十字軍への恨みであるが、それはエルサレム奪回を果したアラブ軍の成功談ではなく、アンダルシアという水と緑に溢れる麗しい土地を失ったという失敗談である。次には、植民地主義とその象徴のようなイスラエルの存続である。最後には、欧米のイスラーム学がイスラームの本来の姿を歪曲しようとしているという知的なレベルでの危機感と被害者意識である。預言者伝承の多くは贋作と決めつけ、イスラームの普及を、それがもたらした新鮮な救いと人間生存の真実の教えによるものと見ないで、クルアーンというよりは、もう一方の手にある剣の力によるものとしたことなどである。

『イスラームの一日』の刊行から二年余りたった一九五五年、彼の死去直後に出版されたのが、本主題に関する一番包括的なまとめである、『東洋と西洋』という珠玉の書物であった(10)。その中において、彼は一切イスラームという言葉は用いずに、人類社会の目標として精神性に富んだ「人間的な文明」の建設を唱導したのであった。また同書で重要な側面は、東洋と西洋という地理的な二分法を乗り越えたという点であった。

アフマドは西洋文明の成果を認めつつも、新しい文明によって十分に精神主義を取り入れた人間的なものを構築する必要を説くのである。そして精神主義は東洋の方が西洋よりも横溢している以上、新文明構築の責任は東洋にあり、ということになるのである。次のように『東洋と西洋』で敷衍している(11)。

・東洋こそが新文明を切り開くべきで、そうすれば世界が裨益する。平和が戦争を代替し、協力が競争に代わり、理解が強制に取って代わるのである。

・近代文明が完璧であるとは決していえない。われわれが望む文明は人間的なものである。それは愛国主義や民族主義に支配されないものである。……

・近代以前の過去の民族や諸国家からも学ぶべき要素はある。

・東洋と西洋の区別は地理的なものではなく、質的なものである。

しかし生前に表明した西欧文明に対する深い疑念が、二年後の死去の時点ですっかり拭われていたと認定してよいかどうかは、今となっては正確な評定は難しいところである。一般的には、生前に刊行された著作『イスラームの一日』に対するアラブ人読者の強烈な支持の反響ぶりからしても、疑念は深く沈潜したにしてもそれはいつでも再燃する火種を残した代物であったと想定する方が自然であろう。

次に息子フサインは、ムスリムは自らの混乱と停滞の責任を認めることから始めなければならないと論じた。いつも他人に責めを負わせる傾向は戒めるべきで、昔はタタール人やオスマン・トルコ人を責めて、今は西洋に責めの刃が向けられるようになったとする。また、西洋に学ぶことはその姦計に陥ると考え、したがってイスラームに反しているというが問題は宗教の更正とその遺産の再検討にあると主張し、この過程すべてにイスラームは果断な役割を果たすべきであるとした。こうしてフサインは世界のどこにいても、エジプト発のイスラーム過激派の狙撃の目標となり、生命の危険に晒されることとなった。

彼はイスラエルの英語学術雑誌『季刊エルサレム』において、ムスリムの責任論を展開した。西欧文明との関係でムスリム側が自己批判するのは珍しいことなので、少し長いが以下に全体を訳出しつつ解説を加えていこう(12)。

ムスリムの後進性と没落について、自らが完全に責任を負わねばならないところを以下に列記してみよう。

・商業と産業を害する内部的な統治の失敗と軍事競争。

・イブン・タイミーヤ、イブン・カイイム・アルジャウズィーヤ、アルアフガーニー、アフマド・アミーンなどのムスリム思想家たちの改革努力にもかかわらず、刷新（イジュティハード）の扉が閉められたとされ、伝統的なイスラーム学者（ウラマー）たちが民衆から離れたこと。

・刷新は異端であり、変更への呼びかけは反乱であり、新たな発展は固定したルーティーンの無秩序な中断で、慣れ親しんだ生活からの不愉快な離脱であるとの固定観念に固執したこと。

・知的停滞ならびに伝統的な知識と近代的なそれとの分離が必要。伝統学の典型であるイスラーム法学者（ファキーフ）は見下され、その発音をもじって馬鹿の代名詞（フィキー）となったほどだ。

・時の流れに関係なく、預言者伝承は不変で免疫があり、すべてのイスラーム社会に適用可能とされた。新しい政治的、社会的状況に適用するために、多くの言葉が預言者のものとされた。こうして伝承は捏造された。

・ウラマーたちが社会生活から乖離し実際的でなくなればなるほど、民衆は神秘主義に流れた。一方で教育を受けた人たちは、その近代的需要を満たすために西洋に流れることとなった。

・一〇世紀以降は、神秘主義は崩壊し始め、その創造的時代は終わった。その倫理観が、政治の専制と強制的服従を容易にさせた。
・外来の信仰がイスラームに混入した。特に聖者信仰は問題だ。イスラームにおけるあらゆる革命の動きは宗教色を帯びて、当該の宗派によるクルアーンの再解釈と預言者伝承の捏造を伴った。
・ウラマーたちがいうように、結局のところアラブの歴史家たち全員が、歴史叙述の目的はイスラームの教えを伝教し道徳的教訓をするためであるとする。しかしこのような態度が、過去を表面的に美化し正当化されない郷愁の原因となった。
・日本人のようには、ムスリムは西洋から生産性、科学的精神、建設意欲を学ばずに、ただ消費、ファッション、最低レベルの娯楽を身に着けただけである。

最後の日本人への言及は注目されるかもしれないが、アラブ人の間ではさして珍しいものではない。

以上の列挙された諸事項には実に様々な事案や事象が関連している。偉大な思想家たちが過去にはいたこと、イスラーム法の刷新は拒否されるようになったこと、預言者伝承が金科玉条の扱いを受けること、有識者の乖離と民衆の知的堕落と因習固執、歴史研究の低俗化、西欧からの学びのなさなどである。

ここで息子フサインが将来の文明をどう論じたかを少し細かく見てみよう。彼はまずその第一の機会において、真の発展に向けては遺産と伝統を見直す必要を認めることを強調した。そしてイスラームを取り巻く状況は現在、イスラームが生まれた七世紀と酷似していることを指摘する。イスラーム以前のいわゆるジャーヒリーヤ（無明）時代に見られた諸条件と似ているものとしては、次のようなものがあるとする。

・世界が小さな村になりつつある現代において、イスラーム社会が世界で孤立することは許されない。
・イスラームの自信と東洋の遺産の復興は必須である。
・篤信ぶりは日々の言動によって明らかとなる。同様に、われわれの社会がイスラーム化するのは、憲法にどう書かれているかとか、何らかのイスラーム上の法律を制定するからそうなるのではないのだ。それは、イスラームの精神を十全に取り入れることによる。
・最も崇高な神の意思を理解する必要があるとはどういうことかを、われわれは知っている。それは歴史の進展の道のりに則ることであると同時に、信者が帰依するということでもある。

こういった諸条件はいつでもどこでも見出せるものではなく、現代のような曲がり角にあるタイミングを活用して社会悪を追放し、社会を正しい方向へ導くことが一番重要である、とフサインは強調した(13)。ただしこの批判は当時のムバーラク大統領批判にはつながらなかった。むしろ同大統領もフサイン同様、一九八〇年代にエジプト国内にはびこる原理主義過激派との抗争に明け暮れていた時代でもあった。
過激派はろくろく勉強をしていないとフサインは指摘しつつ、これでは何も達成されないとして、活発で生命力溢れる諸国と一緒になってこそムスリム社会は更生しうるし、イスラームの蘇生が期待できるとした(14)。また望みは過激派の中でも若い世代にあり、柔軟な心と将来へ向けての積極的な姿勢を持っている人とは話し合う意味があるかもしれないという。彼らは未来への羅針盤であるとする。そして最重要なことは宗教を不変の真髄と可変の付随に分ける発想を持つようにして、何が永久で必須かということを考え、われわれを制約し道を失わさせる一時的で消滅すべき事柄とを峻別することであると主張した。

変貌するこの世の事柄の中に、不変のアッラーの意思の真髄を見出すことが重要である。一九世紀以来、西欧の法律を多数採用してきたこと自体、聖法（シャリーア）の不備を物語っている。それは植民地主義のせいばかりではない。子供の服は最早大人には合わなくなったという諺どおりである(15)。

刷新（イジュティハード）の門が閉じられるということは、科学、思想、文明の自由を圧迫し、疑問を抱く自由も奪うもので、それらはすべてクルアーンの教えに反することであるともいう。したがってこれらすべては、先々の世代に対する責任を回避することにもなると結論している(16)。

以上を通じて父子両者に共通していることは、科学と軍事力に頼る西洋文明には欠陥部分があること、特に精神面の欠落を認めているということである。そして両者共に切望しているのは、東洋の、あるいはイスラームの真正な信仰による人間的な文明の蘇生ということである。こうして新たな文明の創出が叫ばれているが、しかしその割には、その実現への具体的な方策については、ほとんど論及されていないのである。父アフマドからは次のような言葉が出てくる。

東洋の指導者は西洋文明の良いところは選び、悪いところは拒み、またできれば古代の文明からも得られるものは得るべきだ。こうして格別、東洋でもなければ西洋でもない特徴の新たな文明に到達する。(17)

右にいう指導者については新しい文明の導き手として卓越した人材でなければならず、天才の登場が大いに期待されている。

近代には天才がいなくなった。昔なら低いレベルでも通用したかもしれないが、後にいろいろ付け加えられた逸話がますますその天才を祭り上げることにもなった。公平に見れば現代にも多数の才覚ある人たちがいるに違いないが、社会的に発展した今となっては、抜きん出ることは難しくなったのだ。ナポレオンであっても、今生きていたなら偉大ではなかったかもしれない。(18)

このように一気に諸問題を解消してくれるような天才や偉人の登場を期待する気持ちは、イスラームの蘇生を念じて論じる中で偉大な思想家を期待している息子フサインの主張と重なってくる[19]。父子双方に酷似した理想はあるが、それに至る具体的方策を検討してその結果を提示しなければいけないという勢いがあまり働いていないという指摘は成り立つであろう。いずれも天才願望の期待は膨らむが、後は頼んだと言わんばかりである。

以上のように欧米の高度で強力な文明に直面して、かつてのイスラームの栄光を取り戻すためには、イスラーム信仰の健全な復興を起点とするとの発想を持つ点では、父子は共通しているといえよう。また息子の時代の課題である原理主義に偏らないイスラームの柔軟さ、特にイスラーム法のあり方を見直してその活力を取り戻し、また知的な生産力も復帰させるべきだとまではいえたとしても、それ以上の具体性はほとんど示さないままに二〇世紀は終わってしまった。ちなみにイスラーム法の柔軟な解釈と適用を主張しても、現実にはイスラーム法をそのまま全面的に履行しているイスラーム諸国は皆無であるという事実も一方にはある。

以上でアミーン父子二代にわたる議論の展開を見てきたが、イスラーム改革の議論と主張は一九世紀以来今日に至るも多くの識者の生活、いや生命をかけて取り組まれている課題である。これは世界的な広がりの中で進められており、イスラーム法だけではなくその基礎としてのクルアーンや預言者伝承の再解釈、神学や哲学上の再構築などイスラームの「宗教大改革」とまでいわれる幅の広がりを持っている。また信仰のあり方についても、若者の信仰心強化を呼びかける人（エジプトのファハミー・フエイディら）や、神学とは峻別して信仰そのものの強化を主張したり、習慣や大勢順応でムスリムになるのではなく自由意志と個人的コミットメントで篤信者となり、もっと内省的な信徒となるように説く人たちもいる（イランのアブド・アルカリーム・ソルーシュら）[20]。しかしそんな中、唯一顕著な進展が見られるのは、無利子銀行とも称されるイスラーム銀行や投資・金融の新たなイスラーム経済上の諸制度である。世界のイスラーム諸国で、これ以外の目立った具体的な成果はほとんど何も報告されていない[21]。

ここでさらに注目してしかるべきは、いわゆる政教分離は宗教の領域を狭めはするものの、それにより新たな社会的文明的な潮流が導入されるとの期待はあったが、それを主張する論者は今現在まず見られないということである。立憲議会主義と政教分離が近代化のための伝家の宝刀とさえ見なされてきたのが、多くのイスラーム諸国における二〇世紀の経験であった。同世紀を通じてトルコのアタチュルク革命の後退およびイランのシャー体制の下での白色革命の終焉によって、政教分離政策の方向はものの見事崩壊してしまったといえるのだ。むしろイスラーム法を唯一の法源と規定する憲法が続出している現状がある。こうしてイスラーム諸国において政教分離への動きは現状では一応途絶しているといっても過言ではない[22]。

そして実は、二一世紀に入って一五年余り経過した現在も、状況はあまり目立っては変化していない。イスラームの天才期待論はただの幻想ではない。ムウタズィラ派との抗争を収めて過度の抽象化を防いだアルアシュアリーや、神秘主義の行き過ぎを是正し抽象的な議論とも折り合いをつけることのできた偉人アルガザーリーらは周知の中興の祖であり、その絶大な貢献は歴史が明らかにしている。しかしそのようなイスラーム思想の天才登場のさらなる例を、この世紀でも待ち続けるだけということになるのであろうか。

本書全体を通じて相当確認されることとなったように、イスラーム信仰の中枢は大きなぶれもなく不動であるとしても、他方では欧米への猜疑心は払拭されず、植民地統治下における乱れが尾を引き、求められる改革の道いまだ遠しの状況である。その間、中東の知的な混迷は続き、いずれその活力も枯渇してしまうのではないかとの印象を深くさせられる。

そのような懸念を持つのは、フサイン・アミーンや筆者だけではないであろう。(23)

付録一　信仰と学問について

どの宗教にもある問題は、信仰と関連諸学の関係ということである。その関係がどうして問題となるかといえば、現代は特に知識重視社会であるからなおさらであるが、えてして学問優先の立場が前面に押し出されることによる。

それに比べて信仰の方は、何か押され気味で部屋の片隅に押しやられた格好になる。それで自然だと思う人も少なくないから、問題は深刻だ。

宗教が一つの学問体系ではないことは、多言を要しないはずだ。なぜならば宗教は信仰であり、信じる人の心は学問に先立ち、同時にそれを越えるものでもあるからだ。ここの事情を少々細かく書き込まないと、あまり説明したことにはならないだろう。

比喩を用いれば手っ取り早くて明快だ。音楽や美術といった芸術にも、音楽理論や美学という学問体系が備わっている。さらには音楽史や美術史もある。しかし実際の芸術家はそれらの諸学問を体系的には学んでいないケースの方が多いと思われる。第一に諸学問が発達する前から、芸術は存在してきたのだ。

宗教も初めにありき、であって、その後から諸学が発達した。その理由は様々であるとしても、それら諸学は大なり小なり、宗教の教えをより詳細に、明確に、整理かつ体系化されたものとして提示するのである。それによって信仰が深まり、整頓されるなどの効果も伴っている。

イスラームに絞ってみても、ほぼ以上の議論はそのまま妥当する。つまり最も単純な信条として、アッラーは唯一の神であり、ムハンマドは最後の預言者であると信じる以上、それ以外の諸問題は付随的な位置づけになる。ここで諸学とは、もちろん文献解釈学、法学、神学などである。

神学は信仰を論じてはいるが、それは神学で信仰論が尽くされているということではない。信仰を持つ人に神学は有効だが、神学を学んでも信仰を得られる保証はない。両者は区別されるのである。さらにはこの区別を前提に、現代社会ではもっと信仰の純粋性を重視すべきだと提唱するイスラーム研究者もいる(1)。

なおいうまでもないが、以上述べてきたことは決して諸学を軽視すべきだということではない。適切なバランスが求められる。ここの趣旨は人間が生きることと不可分な深奥の心根の働きである信仰そのものをないがしろにし、現代社会の病魔である知識至上主義や学問偏重にならないための警鐘を鳴らしているということなのである。またそれはイスラームが日本に本格的に上陸しようとしている今、まさしく胸に刻みたいことである。

付録二　イスラームにおける「聖」の概念

本論の目的は、イスラーム関連で日本語の「聖」が頻出するが、アラビア語では別の意味合いであることを明らかにすることにある。さらには、そもそもイスラームには「聖」概念が存在しないことを示す。今後多数の日本語文献の再検討は避けられないだろう。おそらく英語で holy あるいは sacred などとされた欧米文献の影響であったと思われる。なお本書の主題であるイスラームの信仰は広大な分野で、それを積み上げるためには多くの基礎研究を必要とするが、本論がその一例となれば幸いである。

【1】日本語での意義

論考の初めに「聖」の日本語としての意味合いを確定しておこう。そのためには、『宗教学辞典』を援用することとしたい。ここでは定義の優劣を競う意図はなく、議論の出発点として暫定的に利用させていただく。

そこには次のように出ている。

聖とは神聖のことで、宗教に関する基本的な概念であり、自然宗教から仏教、キリスト教のような世界宗教の中にも、欠くことのできない要因としてふくまれている。(1)

しかし数ページにわたる様々な規定の仕方が続いて出てくることからも、この一言に深い含蓄があることは一目瞭然である。

例えば原始仏教では、聖は信仰の対象ではなく、出家道といわれる実践道をいうとされる。ひるがえって考えれば、聖という文字を「ひじり」と読むときには、その実践を行う人を指すこととなる。

それからキリスト教では、聖は神との人間の隔離性を指す。したがってそこで聖は、神の主権、唯一性、偉大さ、貴さなどの意味を持つ。

さらにセム族の宗教を研究し、聖概念を初めて提唱したウイリアム・ロバートソン・スミス（『セム族の宗教』一八八九年、岩波文庫所収）によると、聖とは日常的な使用が禁止されているものである。それは隔離であり、またそれは禁忌（タブー）とされるが、清浄であるか不浄であるかとは別問題である。

また聖の問題そのものを取り上げた、ルドルフ・オットー（『聖なるもの』一九一七年、岩波文庫所収）は、非合理的な畏怖や歓喜などの宗教の根本経験の一要素であるが、それは道徳的な善と結合するとした。その意味で、彼のいう聖とは宗教体験の俗化であり、また俗的なものの聖化と理解される。

このあたりで日本語で常用される「聖」の意味合いを定めておきたい。それは基本的に俗とは区別され、また清浄さを求め、したがって不浄なものは忌避される。非合理な宗教の根本体験の一要素であり、神聖さ、あるいは神性を帯びているという感覚で把握される清浄さと神性が、キーワードとなるのである。

前述した聖の各種の定義に出された諸点をほとんど網羅したかたちだが、しかし神の唯一性の観念はないか、あるいは極めて薄いのが通常である。日本では聖地は全国津々浦々にあり、「聖」の存在を奇異に思う人はいないであろう(2)。

〔2〕「聖」の諸事例とイスラームでの原義

日本語ではイスラーム関連で聖の言葉が使用されるケースは少なくない。しかしそれらはいずれも精査されないままに慣用的に使用されているといえよう。以下では、それらの諸事例に当たって、イスラームの原義としてアラビア語の意味内容を探ることとする。

1聖地

聖地を語るとすれば、ただちにイスラームには三つの都市が聖地であると説明される。それはマッカ、マディーナ、そしてエルサレムの三都市である。しかしそれらは大きくは前二都市と、残る一都市に二分されねばならない(3)。

禁忌のある土地(ハラム)

マッカとマディーナの二都市を聖地と称する場合のアラビア語は、ハラムである。そこでの子音であるHとRとMはひと組の三語根を形成して、その意味は禁じるということである。つまりその地域には禁忌があるからである。

マッカを中心にして見ると、それには大中小の三つのハラムが設定されている。

大は「巡礼の聖域」と称されるもので、これは南北約五〇〇キロ、東西約三〇〇キロに及ぶ。巡礼者は、その中に入るときには巡礼の意図表明をして、巡礼着を着用する。その地域には当然マッカとその北にあるマディーナ、西の港町ジェッダが含まれる。そしてこの「巡礼の聖域」の境界線は、預言者自身が定めた五つの地点を結ぶものとして定められる。これらの五つの地点とは、マディーナ南方のズー・アルフライファ、マッカ南方のヤラムラム、海岸沿いのアルジュフファ、マッカ東方のザート・イルクとカルン・アルマナージルである(4)。

なお「巡礼の聖域」も次に見る「聖地マッカ」も、アラビア語ではハラムで表現されている。日本語訳として、両者の内容の違い(地理的時間的範囲、禁忌の内容、成立の根拠など)が大きいので区別したということである。

中はマッカ周辺のハラムである。東西南北約一〇キロの地帯で、いわばマッカを含む大ハラムの中枢部に当たる。ここは巡礼実施のとき以外でも一年を通じて恒常的にハラムなのである。その根拠は預言者ではなく、アッラーが天地創造の日に定められたとする。「アッラーはマッカを不可侵なものとされた。(5)」

ところがその範囲は明記されなかったので、諸説主張されてきた。

第一はアーダムが地上に降りたとき、悪魔の脅威から逃れるためにアッラーに防護をお願いしたので、アッラーは天使たちを遣られたが、その際に天使たちがマッカを中心にして守備についた範囲が聖地の範囲だとするものである。

第二は、預言者イブラーヒームがカアバ聖殿を建設したときに、預言者ヌーフの時代の大洪水から近くの山に避難させていた黒石を天使がもたらしたが、その際に黒石の光が届いた範囲が聖地の範囲となった（筆者注：黒石は元来白色で光っていたとされる）とするもの。

第三は、クルアーンによる。アッラーが次の呼びかけをされたことがクルアーンに出ている。「それからまだ煙（のよう）であった天に転じられた。そして天と地に向かって、『両者は、好むと好まざるとに関わらず、われに来たれ。』と仰せられた。天地は（答えて）『わたしたちは喜んで参上します。』と申し上げた。」（フッスィラ章四一：一一）

この呼びかけに対して応じた地は、マッカ周辺しかなかったが、それが聖地となった、とする説である。(6)

こうして聖地マッカの境界線を定める作業が、歴史を通じて連綿と継続されることとなった。その初めは預言者イブラーヒームであるとされ、ウマイヤ王朝以来、サウジアラビア王国開始までに一一回行われた。そして二〇世紀も終わりごろに至り、ようやくそれが整えられたとされるのであ

る。(7)

最後に一番小さい聖地は、マッカ市そのものである。これはハラム・マッカとも称されるが、現地の日常的な用法では、前述の中規模のものを指しているのか、この一番小さいエリアなのかは峻別されないことが多い。

マッカとマディーナの両都市を合わせて、二聖地（ハラマーン）というハラムの双数形で呼称されることもしばしばである。サウジアラビア国王の正式な称号は、陛下ではなくて「二聖地の守護者」という肩書である。これら二都市を守るものであることに、いかに誇りと責務を感じているかという証でもある。

以上ハラムについて記したが、この聖地内における禁忌の内容は次のような項目になっている。まず中と小の場合だが、聖地マッカとしての禁忌の内容は、アッラーとの関係で、聖地では一切の不信仰の行状はありえず、また一定の事柄（戦闘や人の殺傷、狩猟、樹木の伐採、落とし物の無断拾得などが主な内容）がタブーとされる。巡礼に際してはこれにいくつも追加されるので、「巡礼の聖域」の場合の禁忌の方がはるかに多岐にわたることとなる。巡礼の際の禁忌には、巡礼衣を身に着けなければいけない（ただし女性は全身を覆う普段着で可）ことから始まり、髪や爪を切ってはならない、結婚はしない、性的交渉を断つ、香水の禁止などがある。

ハラムという用語は形容詞となって、ハラームというかたちでも使用される。例えばカアバ聖殿を囲む建築物全体はマスジド（モスク）であるが、そのマスジドはアルマスジド・アルハラームと称されるので、日本語訳としては聖マスジドとされる。あるいはマッカのことを禁忌のある土地

（バラド）として、アルバラド・アルハラームともアラビア語では呼称される。

なお、以上のように聖地あるいは聖域（両者ともハラム）とされる場合、用語上禁忌があるという意味ではあるが、その地域が格別視される理由は禁忌があるからだけではないことを付記する必要があるだろう。その土地には多くの世界初の事由があるのである。

アッラーはどろどろした混沌状態にあったものを固められ、そうして初めに創造された大地がマッカであった、したがってマッカは地上初の街となった。その近くに創られた初めての山は、マッカ近郊のクバイス山である。カアバは地上初の建造物であった。さらには人類の祖であるアーダムとハウワーが地上で再会したのはマッカ郊外であったし、そこで巡礼をすることとなった(8)。

これだけの事由があれば、どれほどマッカとその周辺地域が格別な目で見られることとなるかは明らかであろう。そこへさらに、アッラーの命令で信者が平安に帰依できるように様々な禁忌を定められたという次第なのである。

清浄な土地（クドゥス）

次は第三の聖地とされるエルサレムに関して記す。まずアラビア語でエルサレムという都市名は、アルクドゥスである。クドゥスという単語を構成する子音であるQとDとSの三語根の原義は、清浄であるという内容である。したがってそれは、ハラムの禁忌のあるという原義とは異なっていることになる。

アラブ征服後の初期は、アルクドゥスよりはバイト・アルマクディスと呼ばれ、その意味は「クドゥスの家」ということである。この呼称は現在でも用いられることがある。そしてバイト・アルマクディスという用語は、ユダヤ神殿を指していたユダヤ語のベイトゥ・ハ・ミクダシュが語源であるとされる。その意味は「聖なる家」ということである。ただしユダヤ語名におけるミクダシュが、原義としてどのような意味合いを持っていたのかは不詳であるので、ここでは仮に「聖なる」で止めることとする。

以上をまとめると、アラブ征服直後はユダヤ語の名称をアラビア語にして、バイトゥ・アルマクディスとしてエルサレムを呼んでいたことになり、その後はそのアラビア語名の短いかたちとして現在用いられるアルクドゥスという名称が登場したことになる。ということは、現在の名称であるアルクドゥスはそもそもイスラームを背景として登場したのではないということになり、ますますマッカを聖地とするという事情とは異なっていることが判明するのである。

それにもかかわらず、エルサレムをイスラームで特別視するのはどうしてだろうか。それはほかでもない、預言者ムハンマドの昇天物語があるからである。マッカから天馬に乗って一夜でエルサレムに到着して、それから天に昇って毎日礼拝を五回することをアッラーにより命じられたとされるのである。その後、彼は再び天馬にまたがって明け方までにはマッカに戻ったのであった。

もちろんそれ以外の理由もある。エルサレムはイスラーム初期の礼拝の方角でもあった。それほど重視される土地であったことは確かである。その礼拝の方角を、マッカでの迫害を逃れるためマディーナに避難してから一七ヶ月後、現在のようにマッカに変更したのは、敵対的で多くの被害をもたらすマディーナのユダヤ人と袖を分かつためであったとされる。現在もマディーナにはアルキブラタイン（二つの礼拝方角）と呼ばれているマスジドがあるが、そこでは礼拝の方角を示す壁の窪みが南北に二つ設けられていた。しかし近年の改築の際に、窪みはマッカ向きのものだけが残されることとなった。

さらには預言者が、礼拝の功徳の特に多いマスジドとして、マッカの聖マスジド、マディーナの預言者マスジド、そしてエルサレムのアルマスジド・アルアクサーを挙げた。そこでの礼拝は他でする礼拝よりも功徳が多いという。その倍率に関しては、聖マスジドが一〇万倍、預言者マスジドが一〇〇〇倍、アルマスジド・アルアクサーが五〇〇倍といったものの他、伝承が一定せず様々な数字が挙げられている。しかしいずれにしても、イスラーム上第三の聖なる都市（清浄で恵み多き土地）として、エルサレムが数えられることとなったのである。

さて次は用語の意味が少々ずれる現象を見ることとする。

まずハラムの新たな用法である。その事例の一つは、右にすでに触れた預言者ムハンマドの昇天物語の舞台となった岩のドームと、その西数十メートルのところにあるアルマスジド・アルアクサーをめぐるものである。岩のドームと呼ばれるあの燦然と黄金色に輝く建造物は、当初アラブ支配が及んだことの象徴的な意味が込められていた。それをアルマスジド・アルアクサーと共に呼ぶときは、アルハラム・アルシャリーフ（栄誉あるという意味）と称されている。岩の下部分はイスラエルによってコンクリート固めにされてしまったが、いまだにドームの中は女性の礼拝堂として使用されている。

この場合、ハラムはすでに見たところの、禁忌ある場所としてのマスジド、あるいはそのマスジドのある境内という意味に転じているといえよう。事実、マッカにおいてはアルハラムというと、それは中でも聖マスジド自体を指していることが大半である。またアルマスジド・アルアクサーのことは、アルハラム・アルアクサーともいわれることとなった。

同様に意味がずれる現象であるが、エルサレムのことはアルクドゥスと呼ばれるのが普通だが、旧名のバイト・アルマクディスで称されることもあるとすでに触れた。しかしそのバイト・アルマクディスという用語は同時に、アルマスジド・アルアクサーそのものを指して呼ぶときにも用いられる。

2 聖クルアーンと聖伝承

クルアーンには、アラビア語では通常それを修飾する形容詞として、カリームが使用される。したがって、アルクルアーン・アルカリームとなる。カリームの意味は、寛大なということで、本来はアッラーの美称としての九九の呼称の一つでもある。またそれは、高貴なという意味でもあり、一般に同種の仲間で最良の資質を持つものを指すとされる。つまりカリームな言葉といえば優しく柔軟な言葉であり、カリームな恵みといえば多くの恵みであるし、カリームな石といえば価値の高い貴重な宝石ということになる。

では、クルアーンがカリームであるとはどう理解されるのか。そしてその日本語訳として、「聖クルアーン」でよいのかという問題が出てくる。クルアーンが高貴であり、最良の言葉であり、崇高な内容であることに疑問はないとして、それらの特質はすべてクルアーンが啓示の書であることに依拠している。

そこで、クルアーンの原義は直訳的に読み物ということだが、「最良の読み物」とはしないで、「聖クルアーン」としておくことで啓示の書という性格が表現されているということになる。しかしその場合の「聖」は、当然禁忌があるかないということでもなければ、清浄であるということでもなく、神聖なという日本語としての意味合いである。

次には預言者伝承をめぐる問題点である。預言者伝承集に、アッラーは語られたとして預言者ムハンマドが引用する部分がある。そのような伝承は格別に扱われて、「聖伝承（ハディース・クドゥスィー）」と固有の名称で呼ばれている。しかしこの「クドゥスィー」は後でも見るようにアッラーの、といっているに等しく、神的な、といっているのではない。つまり「聖」伝承といっているのではなく、「清浄なアッラーの」伝承ということである。

なお以上すべてに関係することだが、神聖な、あるいは神に関するというときには、アラビア語ではイラーヒーという形容詞がある。それは神を意味するイラーフの形容詞形である。だからイラーヒーではないところのすべてのアラビア語の形容詞は、ハラムであれカリームであれ、「聖」を日本語訳に用いるとすれば、その日本語に対して何らかの意味上の変容を強いているということにもなるのである。

ではどうしてイラーヒーの用語をアラビア語として初めから直接に用いないのであろうか。そのあたりの事情としては、イラーヒーはあまりに「アッラーの」という意味が前面に出るので、多用するのは憚かられるという微妙な心理的抑制が働くことが背景にある。

ところがここまでくれば、もう一歩踏み込んで事態を解き明かす必要がある。結局イスラームの場合、万物がアッラーの統治と差配の下にあると理解するのであるから、あらゆる事物はイラーヒーであるということになる。それを聖であるとするのであれば、あらゆる事象と存在物はすべて聖であるということになる。生も死も、聖なのである。

アッラーを直接の考察の対象として、アッラーは単一であると論じる文脈を除いては、イラーヒーという形容詞にあまりお目にかからない原因が、ここにある。それ以外では、イラーヒーという言葉は、どちらかというと異教の神への言及に際してしばしば登場する。

宇宙万物がアッラーの働きであり、その結果であることを再認識すれば、自ずと特定のものが神聖であるという形容は必要なくなるであろう。そしてその際の修飾語として、それに代わってその内実を示す用語、例えばハラム（禁忌のある）やカリーム（寛大な、最良の）が登場する段となるのである。

3「聖」イメージの援用

「聖」の言葉を、イスラーム用語にはそれに対応するものがないのにもかかわらず、外からいわば押し付けで援用される場合もある。その事例として、以下に二つ挙げよう。

聖者

イスラームの教義上、聖者は存在せず、クルアーンにも何ら言及はされていない。人間には聖も俗もなくて、全員平等に創られているからである。中世以来のイスラームを逸脱した考えを排斥するとして、一八世紀にアラビア半島でワッハービスムが興ったが、そのときに最も非難された習俗は聖者崇拝とその墓参であり、もう一つは種々の非イスラーム的な諸儀礼を持ち込んでいたスーフィズムであった。

しかし、ここではもちろん聖者の非正統性を論じることが目的ではない。聖者には「聖」という用語が用いられているが、それが何を指しているのかということと、そのような用法が実態と照らし合わせて妥当かどうかという二点に絞って考察を進めることになる。

イスラームで格別の信仰上の指導力を発揮し、模範と目される一群の信心深い人たちが出現してきた。彼らの人徳により人々は多く救われ、導かれたのであった。そこで彼らは欧米でいうところの「聖者」に似た扱いを受けて、その遺徳を偲ぶための墓参りは必要であり善行であるとされるに至った。しかしイスラームの中では、彼らをまとめて「聖者」と認識する慣行もなければ、それに対応する用語も存在してこなかったのである。彼らはそれぞれの土地における名士であり、高徳者であり、救済者なのであった。

その彼らの呼称として多く見られたのが、アラビア語ではワリー（複数はアウリヤー）であった。ワリー以外にも、地方や宗派によっては異なる名称が多数使用されてきた。サフィー（親しい友）

やシャリーフ（預言者ムハンマドの子孫）などであるが、ここではそれらは扱わない。日本語訳としての「聖」者がここでの関心事であるからだ。また、特にスーフィズムではアッラーとの合一体験に至った人を中心として、その資格などワリー論が盛んになったが、それもここでの関心事ではない。

ワリーの原義は支持者、あるいは守護者であって、それはアッラーの支持者でありアッラーの友を指していた。友人であるから篤信であり、模範とすべき人たちであったのだ。しかしそれをもって彼らがいっそうアッラーに近いとか、アッラーのご加護を人並み以上に豊かに受けているという考えになると、それはイスラームの外からの移植にすぎない。

ちなみにイスラームでは聖職者も存在しないことは知られているが、それは人々の間に聖俗の区別も設けないことの重要な側面でもある。そして全員が信徒であることで平等であり、聖視すべき種別の人はいないということである。

最も篤信であり、天国行きとなる人たちは四種類あるとされる。クルアーンにいう。

「アッラーと使徒に従う者は、アッラーが恩恵を施された預言者たち、誠実な者たち、殉教者たちと正義の人々の仲間となる。これらは何と立派な仲間であることよ。」（婦人章四：六九）

そこには聖者の一群を認める発想のかけらも見当たらないのである。要するに、聖者という名称で示される一群の人たちは、イスラーム上は根拠がないものであるとことを再確認しているということである。それにもかかわらず、格別の尊敬を集めた人たちを聖者と認めるかどうかは、外界からの分析上の視点に発する呼称であるということになる。(9)

さらにイスラームの発想からすれば、一番重要なポイントは、人が「聖者」であるかどうかは、人間の権能ではなく、アッラーが決定されることであるということだ。もちろん聖者というカテゴリーが用いられるのであればという前提であるが、そのような前提を示唆する表現や思想はイスラームの中には認められないのである。しかし認められていないにもかかわらず、使用するかどうかは最終的にはアッラーの自由である。人はその判決の結果を示されるだけの立場にあるのだ。

カアバ聖殿

カアバとは立方体という意味であるが、アラビア語ではそれに対して用いられる形容詞（正確には受動分詞）は必ず、栄誉あるという意味のムシャルラファである。だからアルカアバ・アルムシャルラファということで、栄誉ある立方体というのが字義通りの日本語となる。

そこで栄誉あるという形容詞をどのような日本語に訳すかということが残る問題となる。そのためにはカアバの成り立ちを想起し、その飛び抜けた別格の重要性を理解することから始める必要がある。

そもそも天上の「参拝の館」（アルバイト・アルマアムール）は、天使たちが天上でアッラーを称賛するところがないといって困っているのをアッラーが見られて、その建造を命じられたものであった。[10] そのころ天使たちは、アッラーに対して疑義をただしたことがあった。クルアーンにいう。

「またあなたの主が天使たちに向かって、『本当に**われ**は、地上に代理者を置くであろう。』と仰せられた時を思い起こせ。彼らは申し上げた。『**あなた**は地上で悪を行い、血を流す者を置かれるのですか。私たちは、**あなた**を称えて賛美し、また**あなた**に対して崇めまつりますのに。』」（雌牛章二：三〇）[11]

これに対してアッラーは怒りを表されたので、天使たちは悲しみ悔悟し、玉座、あるいは「参拝の館」の周りを三時間にわたって、七回かそれ以上周回していた。これがイスラームにおける巡礼の際、カアバ聖殿を七周する回礼（タワーフ）の儀礼の始まりであった。それからアッラーは天使たちを赦され、将来アッラーに怒られた者たちが回礼して赦しを請うために、地上にも家を作るように命じられた。[12]

これがカアバの発端であったというのだ。アッラーの直接の命令で建造されたという由来と建設作業に携わったのは天使たちであったことで、アッラーに直結する背景があるということである。これだけの背景を整理して念頭に浮かべると、カアバ聖殿という日本語訳を持ち出すのも無理はないということになる。それは栄誉（シャラフ）そのものの根拠も示していると理解することができる。

そしてそれは少なくとも、大半の場合の訳語であるカアバ神殿よりは、誤解を招かないだけでも相当前進といわねばならない。カアバにはアッラーが天上より降りて来られるとか、アッラーの地上における家であるといった誤解が相当広く日本に流布しているからである。

〘3〙最後に

本論を閉じる前に考えておきたいポイントがある。それはイスラームに日本語でいうところの「聖」はあるのかという問題である。

初めに日本語としての「聖」の意味内容を少々まとめた。それは清浄さと神性を二つのキーワードとするものであった。

クルアーンにはＱＤＳの語根を持つ用語は一〇回出てくるが、その大半はユダヤ教やキリスト教の関連である。イスラームの関連で出てくるのは三回あるが、すべて清浄さというアッラーの特性を指すかあるいは美称であり、いわばアッラーそのものである。[13]「聖」は主以外のものであるから、それらは「聖」とは別物であるということになる。「神の」という意味で、イラーヒーという言葉が存在しているが、その用法が非常に限定されていることはすでに述べた。他方イスラームではアッラーがすべての創造主であり統治者であることから、いわば存在する万物にアッラーの配慮が及び、その意図の反映であると見なされるのである。だからそもそも神聖であるということを改めていう必要もなければ、そのような場面も想定されないことになる。イスラームでは日本語的な「聖」の概念は出番がないということである。

そこでアラビア語では、禁忌のある地域、清浄な土地、栄誉ある館といった調子で、それらを「聖」なるものとして一括りにしないでそれぞれの内実を示す言葉が使われることになる。そしてそれぞれの場合に応じて、アッラーとの関連性が問われるにしても、いずれもが、クルアーンや預言者伝承にあるアッラー自身の言葉であったり、あるいはイスラームのいわば原初に遡る起源であったりするのである。

そこには後から人知が及ぶ余地は残されていないといえる。その意味で、新たに人が特定の地点を聖地と指定することは言語道断ということになるのである。この点で、どんどん新たな聖地が生まれてくる日本の慣行や習俗とはまったく異なっていることを確認しておきたい。聖者に関してもすでに述べたが、イスラームにおいてはそもそも「聖」者というカテゴリーは存在しておらず、名士、指導者、救済者、高徳者などをひとまとめにして考察したいという外界の研究者の知的必要性を満たすための概念ということなのであった。

以上は聖という一文字をめぐる考察であるが、文字に至る以前の問題もある。それは人の感性段階の話である。

イスラームでは、清浄さは諸儀礼励行の前提であり重視されるが、それだけに不浄とは何かはイスラーム法の冒頭部分で詳細に定められている。人を除く陸上動物の死体、殉教者や魚類を除くすべての生物の血、体から出てくるもので膿、尿、精液などである。ただしより詳細には、法学派によって異説も相当ある分野である。

日本の風土では、穢れの観念は重要である。神道でも仏教でも、それから逃れることが信教の一大課題であるからだ。穢れは俗界の不浄なものであり、悪魔的なものに連動し、いつどこでその攻撃を受けるかは誰にも分からない。それは平生の生活に広く充満していると見られるのである。

両者を比べると、イスラームの不浄さは神道の穢れと相当重なって見えてくるのである。それだけに日本人として注意しなければならないのは、イスラームでは問題にならないケースについても、自然とより広い穢れ概念に陥ってしまいがちだということである。つまりイスラーム上の不浄や汚れを懸念する必要のないときにも、過剰にその意識を高める恐れがあるということだ。筆者が目にしてきた実例を挙げよう。

イスラーム式の葬儀が都内のマスジドで執り行われた際のことである。死はイスラームでは不浄なものではなく、アッラーが魂を除かれた結果としてのあの世への移転にすぎないのであり、人であれば必ず訪れる瞬間でしかない。しかしそのマスジドの玄関口には清めの塩が盛られていたのだ。日本の葬儀会社の機転かもしれないが、このようなこともイスラームの日本への伝播に伴って見られる現象かと思われた。

あるいは日本的慣行とイスラームのそれの衝突ともいえる事態が生じることもある。神社にアラブ・ムスリムを案内することはときどきあるが、入り口の手洗い水でひと揉めするのである。案内係の神主さんは誰であれ入ってくる人には清めてほしいのだが、ムスリムは自分が不浄であるかどうかは知っている。トイレに行った後や性行為の後などが、不浄の状態にあるのである。そこで穢れがあるといわれてもムスリムからすれば、完全ないいがかりとしか映らないのである。

以上の事例は説得的かどうか不安が残るが、要はこのような感性段階にまで遡ってこそイスラームの本格的な理解が得られるのではないかという問題提起として読んでいただければ幸いである。日本人の心に深く根を下ろしている汎神論的な感覚も、細かく見れば相当の外科手術を必要としているのかもしれないのである。(14)

付録三　「魂」と「精神」について

目には見えない存在だが人の生命に枢要な働きを持つものとして、ルーフ（魂）が語られる。このイスラームにおける魂とは何か、はたしてそれを人は十分知ることができるのか、命を授けそれを奪うという魂はどこから来てどこへ行くのか、そしてそれはアッラーによる復活の営みに際してどのような働きを示すことになるのであろうか、あるいはまた信仰との関係はどのように説明されるのであろうか。さらには精神（ナフス）との異同もいろいろ議論されてきた課題である。

こういった魂の全容を解明するのが、この付録の目的である。[1] 前述の付録二と同様、信仰論も概説の先には詳細で緻密な考察と研究が待ち受けていることの今一つの事例という位置づけでもある。

クルアーンには「ルーフ」の用語は二一回登場する。ただしその意味は解釈上、魂（二一：九一他）、息（二：八七、六六：一二）、啓示（一六：二、四〇：一五、四二：五二）、天使ジブリール（一九：一七、一六：一〇二、二六：一九三、七八：三八、七〇：四、九七：四）などに分かれる。その中で、魂の意味で使用されているのは一〇回にのぼっているので、内容を限定するには相当に役立つ。

それもあってか、定義の細かなところは異なるとしても、歴史上あまり深刻な議論を惹起せずに推移してきたといえよう。[2] ちなみに魂を中心的なテーマとして、かつ「ルーフ」というタイトルを冠した著作で校訂本が出版されているのは、イブン・カイイム・アルジャウズィーヤ著『アルルーフ』くらいである。同書では、それまでの多くの識者の議論も吸収し、反映されている。そこでクルアーンやアルジャウズィーヤの著作を主たる典拠として、「ルーフ」の概要を読み解くこととしたい。[3]

【1】クルアーンでの扱い方

まずはクルアーン中の一〇ヶ所における、魂（あるいは聖霊）の登場の仕方を見てみよう。初めに、マルヤムの子である預言者イーサーに魂が入れられる話である。イーサーはアッラーにより授けられた魂であり、あるいは魂が授けられた結果とし生まれたのであり、また魂により強められたとある。

①「また**われ**は、マルヤムの子イーサーに明証を授け、かつ聖霊によってかれを強めた。」（雌牛章二：二五三）

②「（イーサーは）マルヤムに授けられた**かれ**の御言葉であり、**かれ**からの霊である。」（婦人章四：一七二）

③「**われ**は聖霊によってあなたを強め、揺りかごの中でも、成人してからも人々に語らせるようにした。」（食卓章五：一一〇）

④「**われ**はかの女（マルヤム）に**わが**霊を吹き込み、かの女とその子を万有のための印とした。」（預言者章二一：九一）

次に人間に魂を入れる話である。アッラーの魂が吹き込まれて生まれた人間は、天使も平伏しなければならず、その魂により人間の信仰は強められるとある。

⑤「**われ**はかれ（人間）を形作った。それから**われ**の霊をかれに吹き込んだ時、あなたがた（天使）はかれにサジダしなさい。」（アル・ヒジュル章一五：二九）

⑥「それからかれ（人間）を均整にし、**かれ**の霊を吹き込まれ、またあなたがたのために聴覚と視覚と心（アフィダ）を授けられた御方。」（アッ・サジダ章三二：九）

⑦「それで**われ**が、かれ（人間）を形作り、それに霊を吹き込んだならば、あなたがた（天使たち）は伏してかれにサジダしなさい。」（サード章三八：七二）

⑧「**かれ**はこれらの者の心の中に信仰を書き留められ、親しく霊によって強められる。」（抗弁する女章五八：二二）

以上とは少し異なった意味合いに受け取られるのは、次の節である。そこでは魂といった問題は、人にはそもそも分かりづらいのだという意味として説明されるのである。しかしそこにいう「聖霊」とは天使ジブリールを指しているとも解釈されるので、その場合には、人に分かりづらいかどうかといった問題とは関係ないということになる。

⑨「霊は主の命令によって来る。（人々よ）あなたがたの授かった知識は微小に過ぎない。」（夜の旅章一七：八五、この節で二回登場）

総じていえば、いずれにしても魂とは何かといった一般的な定義は与えられないで、その機能や役割に言及されることがもっぱらであるということになる。

〔2〕古典書『アルルーフ』より

それではアルジャウズィーヤの著書『アルルーフ』を見直してみて、われわれの関心に沿うポイントに絞って整理することとしたい。同書は大きくは、魂に関する章、墓に関する章、精神に関する章の三分野に分かれて執筆されているので、ここでは魂と精神に関する部分見てみよう。

1 魂も死ぬのか、それとも体だけが死ぬのか(4)

魂も死ぬとするのが、通常の理解である。

「地上にある万物は消滅する。だが（永遠に）変わらないものは、尊厳と栄誉に満ちたあなたの主の慈顔である。」（慈悲あまねく御方章五五：二六、二七）

さらに次にあるように二度死ぬとは、一度目は身体の死であり、二度目は魂の死だとされる。また「二度蘇らされ」とあるのは、生誕を一度目、復活を二度目と勘定することからくる。
「主よ、**あなた**はわたしたちを二度死なせ、二度蘇らされました。」（ガーフィル章四〇：一一）

ただし「（主を畏れる者は）最初の死の他に、そこで（再び）死を味わうことはなく、燃える炎の責め苦から守護されよう」（煙霧章四四：五六）とあるので、信者には一度目の死しか訪れることはない。クルアーンの次の節もそれを語っている。

「**かれ**こそは生命のない（死んでいた）あなたがたに、生命を授けられた御方。それからあなたがたを死なせ、さらに（復活の日に）蘇らせ、さらにまた**かれ**の御許に帰らせられる御方。」（雌牛章二：二八）

2 死亡と復活の日までの間の魂の居場所はどこか(5)

これは百家争鳴の問題である。多くの解釈が出てくる原因は、確固たる預言者伝承でないものが多数伝えられているということである。そうなる原因は、クルアーンにも明確な言及がされていないことにある。

例えば一説には、魂は埋葬後、七日間はどこにも行かないで墓の中に留まっているともいわれる。それにはクルアーンはもとより、預言者伝承の中にもしっかりした根拠は見出されていないが、人口に膾炙しているのである。

信者の魂は天国に行くという説

天国に行くと主張する根拠は、次のクルアーンの節である。

「もしかれが、（アッラー）に近づけられた者であるなら、（かれに対する報奨は）安心と満悦、そして至福の楽園である。」（出来事章五六：八八、八九）

次の説も根拠として挙げられるが、アラビア語としては「ルーフ」ではなく、「ナフス（精神）」

が用いられている。

「（善行を積んだ魂に言われるであろう。）おお、安心大悟している魂（ナフス）よ、あなたの主に返れ、歓喜し御満悦にあずかって。あなたは、**わが**下僕《しもべ》の中に入れ。あなたは、**わが**楽園に入れ。」（暁章八九：二七―三〇）

天国以外の諸説

・墓の空間にいるが、それは墓の入り口近くだという説
・時と場合によって変化する魂の強弱、大小などの状態によって集まったりするなど様々だとする説
・水場に集合するという説（地上最善の水場はマッカのザムザム泉であり、非信者の魂の集まる最悪の水場はイエメンのバルフートの泉だとされる）
・地上に集合するという説（「本当にこの大地は、**われ**の正しい下僕《しもべ》がこれを継ぐ。」〈預言者章二一：一〇五〉、あるいは「アッラーは、あなたがたの中、信仰して善い行いに勤しむ者には、あなたがた以前の者に継がせたように、この大地を継がせることを約束なされた。」〈御光章二四：五五〉とあるのが根拠とされる）
・最上階の第七天にいるという説
・信者の魂は第一天にいるアーダムの右側に、非信者のそれは左側にいるという説
・この世とあの世の中間にある障壁（バルザフ）にいるという説（「蘇りの日まで、かれらの後ろには戻れない障壁がある。」〈信者たち章二三：一〇〇〉）

・魂は何か他の形状になっているという説（「**かれ**の御心のままに、形態をあなたにあたえられた御方。」〈裂ける章八二：八〉）

結論

結論としていえるのは、諸説あるにしても互いに矛盾しているのではなく、復活の日まで過ごすバルザフと称される中間段階では、魂はいろいろのところにいるということである。

ます合計七層ある天上に諸預言者がいることは、預言者ムハンマドが昇天した際に見たところであるが、彼らの魂はそこにいるということになる。また殉教者の魂は鳥となって、天国で随所に飛び回っているだろう。墓の中にいる場合もあるだろうし、一般に低俗な魂は地上に留まるだろう。さらには姦通したような者の魂は、地獄にある血の川を泳ぎ、岩を飲まさせられるだろう。

こうして魂というものはイスラームの伝統的な考え方によると、母親のお腹にある胎児がいずれ出生して外界に出る様に例えられる。第一段階は、暗くて狭い胎内にいるようなもので、人の身体に宿っている。次いでそれは生育して善悪を知り、苦楽を知る段階を通過する。第三段階は魂が肉体から外に出た後で、バルザフという中間の段階である。それははるかに大きな居所である。そして第四段階の最後の居所は、復活後の天国か地獄である。

3 最後の審判のときには、魂は墓の中の死者に戻るのか(6)

魂は復活に際して、それが宿っていた肉体に戻されるとする説で統一されている。そのプロセスに関しては、善人用と悪人用の天使が仲介するが、それは逸話のようにして多く語られてきた。

善人が天国に入り、悪人は地獄行となるのは、以下の節の通りである。

「**わが**印を偽りであるとし、それに対し高慢であった者たちには、天の門は決して開かれないであろう。またラクダが針の穴を通るまで、かれらは楽園に入れないであろう。」（高壁章七：四〇）

墓の中の死者が生きているとか、聴覚は働いているとかいう説もあるが、そういった諸説を唱える者は次の節を正しく読むべきである。ただし死去してから魂が戻った状態は完全には元の生前の状態と同じではないし、通常の睡眠の状態にあるとはいっても、魂が抜けた後の死者とは異なっている。いずれも二つの状態の中間のような格好であるといえよう。[7]

「アッラーは（人間が）死ぬとその魂（ナフス）を召され、また死なない者も睡眠の間（それを召し）、**かれ**が死の宣告をなされた者の魂（ナフス）は、そのままに引き留め、その他のものは定められた時刻に送り返される。」（集団章三九：四二）

預言者ムハンマドが昇天した際に、天上の第一層から第七層までに歴代の預言者と会ったとされているが、それは比喩的に考えるべきで、歴代の預言者たちの魂に出会ったということである。彼らの亡骸は墓に留まっていたとしないと、矛盾をきたすこととなるからだ。また諸預言者が身体を伴っていたとすれば、復活に際しては預言者ムハンマドが先頭に立って天国入りするということとも合致しなくなる。

悪い魂のあった肉体には、墓の中で責め（アザーブ）が始められるという。まず肋骨が軋むほどに墓の幅が狭まるということだ。そしてその苦痛は、身体的なものだけか、あるいは魂も同様に責め立てられるのかが議論を呼んできた。

まず中間段階にあるバルザフといわれる時点から、不信や悪行に対する責めは開始されるということがある。その時点から魂にも及ぶのか、ということが争点なのである。肉体に戻されてから苦痛があるのは当然だからである。イブン・タイミーヤらは正統派の多数意見として、バルザフであっても魂は責められもするし、また享楽を味わうこともあるとする。それは復活さえも否定する哲学者らの立場に対抗しているのである。

そこでムスリムがアッラーに対して助力を求める際には、地獄の責め、墓の責め、そして偽預言者の試練から逃れることを祈るのがよく見られるようになった。

4 精神（ナフス）と魂（ルーフ）は同じものか、それとも別なものか(8)

両者は同じだとする人も少なくないが、やはり異なっているという説に傾く。クルアーンにおける使い方として「ルーフ」は、魂以外に啓示などの意味にも使われている。ここでは「ナフス」を見ることにしよう。まずそれは、自身という意味でしきりに登場する。

「自分自身（ナフス）に対して挨拶しなさい。」（御光章二四：六一）

「またあなたがた自身（ナフス）を殺してはならない。」（婦人章四：二九）

「その日人々は自分自身（ナフス）のために、焦って嘆願することになろう。」（蜜蜂章一六：一一一）

次の場合は、「各自」とはいっても、「それぞれの魂」とも説かれうる。

「各自（ナフス）は、その行ったことに対し、（アッラーに）責任を持っている。」（包る者章七四：三八）

以下は、明白に「魂」を指している場合である。

「おお、安心大悟している魂（ナフス）よ、あなたの主に返れ、歓喜し御満悦にあずかって。」（暁章八九：二七、二八）

「あなたがたの魂（ナフス）を渡せ。」（家畜章六：九三）

「低劣な欲望に対し、魂（ナフス）を抑制した者は。」（引き離すもの章七九：四〇）

「（人間の）魂（ナフス）は悪に傾きやすいのです。」（ユースフ章一二：五三）

ナフスは睡眠のたびに身体を出入りし、ルーフは生命の有無を決定する。両者は機能が異なるとはいっても、本質的に異なるというものでもない。血液はナフスと呼ばれるが、それがなくなると命もなくなるのだ。また睡眠中もナフスは完全に出てしまうのではなく、夢を見るのはナフスの刺激があるからだ。つまりナフスは夢の映像を急ぎ持ち帰るということである。

ただし人によっては、ナフスは火と泥でできている、そしてルーフは光と霊だと規定する。そのほか種々の整理の仕方が提示されている。自分（アルジャウズィーヤ）の考えは、アッラーによって支配されている点では、ルーフもナフスも同じだ。しかしルーフの本質であるアッラーを知り、アッラーを愛し、アッラーを追い求めることがなくなれば、それはもはや精神もないただの肉体と化してしまう。他方、知識、善、誠実さ、愛情、専念、依拠、信頼などは精神の働きだとしても、それらの中ではすべてルーフが作動しているといわねばならない。

5 魂・精神と信仰(9)

魂や精神は信仰と直結する位置づけだが、その様々の側面については以下のように列挙される。

第一　安寧と信仰

すべてを最終的には天命として受け入れるのが、信者の安寧の基本である。

「地上において起こる災厄も、またあなたがたの身の上に下るものも、一つとして**われ**がそれを授ける前に、書冊の中に記されていないものはない。それはアッラーにおいては、容易な業である。それはあなたがたが失ったために悲しまず、与えられたために、慢心しないためである。本当にアッラーは、自惚れの強い高慢な者をお好みになられない。」（鉄章五七：二二、二三）

「どんな災厄も、アッラーのお許しなく起きることはない。誰でもアッラーを信仰する者は、その心を導かれよう。」（騙し合い章六四：一一）

それは悔悟を伴っている。そしてそれを阻むのは、人の欲望と怒りである。

第二　安寧の意味

身体の完全さは、その機能が十分発揮されることで示される。心の完全さは、アッラーを知ることで示される。アッラーだけを崇拝すべきで、アッラーだけから助力を求め、アッラーの指示にこそ従うべきである。知識と信仰、そして意思と行為の安寧が、魂の安寧をもたらすのである。

第三　安寧の醸成

精神の安寧は、信仰上最高の段階にある心境である。それは知識、確信、悔悟、誠実さ、正直さ、謙遜、努力などが備わってこそ達成される。意識を正しく持ち、熟慮することも求められる。他方、悪行は本人の責任であり、その原因も自らのものである。そのように観念することで、アッラーとは正しく向かい合えるし、その恵みを最大限に受け取ることもできる。

第四　悔悟と管理

意識して悔悟し、自らの精神を管理し、アッラーに近くいられることを安価な代償で売ってしまわないようにしなければならない。これがアッラーへの道標の第一である。

第五　咎めることとしきりの精神

自責の念は刻々に変化し、変容しているものである。自らを責めることは信者の所作であるとする人もいれば、それは悪行を働く輩もすることだとされる。そのような輩は、悪行を逃してしまったことを咎めるのである。咎めるのは復活の日であり、そこでは善人も悪人もそうするという説もある。

最良の自責の念は、自らがその間違いを咎めることである。自らを責めることをしない場合は、アッラーによって咎められることもある。

第六　悪に傾く精神

「主が慈悲をかけた以外の（人間の）魂は悪に傾きやすいのです。」（ユースフ章一二：五三）

「もしあなたがたに対し、アッラーの恩恵と慈悲がなかったならば、あなたがたの中で一人も純

潔になれなかったであろう。」(御光章二四：二一)

「もし**われ**があなたを確りさせていなかったならば、先にあなたはかれらに少し傾きかけていた。」(夜の旅章一七：七四)

人の精神と悪行の間にアッラーの介在がなければ、必ずや間違いに陥ることであろう。われわれの心の中の悪と行いの間違いから逃れさせてくれるように、アッラーにお願いするしかない。咎めて、悪に傾き、やがて安寧を得る精神や魂は一つのものである。その間における支柱は、誠実さと正直さである。悪に傾く精神は悪魔の入り口である。

「悪魔は貧窮をもってあなたがたを脅かし、また恥知らずの行いを命じる。だがアッラーは寛容と恩恵をあなたがたに約束されておられる。」(雌牛章二：二六八)

第七　安寧の精神

もし安寧の精神が一神教であるならば、悪に傾くそれは多神教である。両者には戦闘があるのみである。そして悪に傾く心は、良いことを悪く見せるのである。

「かれ(警告をする預言者)は多くの神々を、一つの神にしてしまうのですか。これはまったく、驚きいったことです。」(サード章三八：五)

第八　俗世からの精神の擁護

精神の尊厳は、不名誉から自らを守ることにその源泉がある。高慢であるということは、自惚れである。アッラーを称賛することは精神を擁護することにもなる。

第九　アッラーの命令の偉力

アッラーに従うということは、自らの精神の名誉をアッラーのために守ることでもある。預言者ムハンマドも顔色は赤くなり、動脈が浮き出るほどに怒りを覚えられたこともあるが、それはアッラーのためという大義名分があった。アッラーの命令が徹底されることの大きな意味を把握しておく必要がある。それがすべての根本であり、それによってその超越性と支配性が確保されるのである。

第一〇　心の喜びと精神の喜びの違い

アッラーを知り、敬愛することは心の喜びである。

「これ（楽園）が、かれら主を畏れる者の結末である。だが不信者の結末は火獄である。」（雷電章一三：三五）

他方、誠実さ、信頼、恐怖、希望、悔悟などによる喜びもある。悔悟の後の喜びの大きさを知るならば、罪を犯す喜びより好ましいことが分かるであろう。しかしそれには大変な忍耐を必要とする。そこで性急な人からは、悔悟の喜びも罪を犯す不服従による喜びも離れていってしまうこととなる。

第一一　最大の喜び

最大の喜悦は、天使が福音を伝えてくれるときである。また頭上で天使が祈りを上げてくれるなど、心楽しい行事も待ち受けている。そして無事に審判の橋を渡って天国に行き着くと、主の尊顔を仰ぎ、主に話しかけられるのである。

第一二　競争心と嫉妬心の違い

競争は、信仰の完全性へのものでなければならい。「その封印はジャコウ（香料）である。これを求め熱望する者に熱望させなさい。」（量を減らす者章八三：二六）

他方、嫉妬心は他者に不能力を望むものである。異教徒への呼びかけは、以下のようであった。「（ムスリム以外の人々が嫉妬心を露にしたので、彼らに向けて）啓典の民よ、わたしたちとあなたがたとの間の共通の言葉（の下）に来なさい。」（イムラーン家章三：六四）

預言者伝承では、羨望されてしかるべきは、二人しかいないということだ。それによると、一人はアッラーの啓示を授かった預言者自身、もう一人は財宝を授かりながらそれを適切に支出する人である、ということだ。

第一三　アッラーへの敬愛とアッラー以外への愛情の違い

アッラーへの敬愛は信仰の完成である。アッラー以外への愛情は、多神教である。それは偶像への愛情や敬意と同義であるからだ。すべての預言者たちやすべての啓典は、この一点のために遣わせられたのであった。

異性や香料への愛情も、アッラーの敬愛のためであれば認められる。アッラーへの敬愛を増し、その支配を強め、その教えを伝播させるのに役立つならば、ということである。

おわりに

イスラームの理解に関しては、まだまだ課題が多い。そのうち二点を記すことで、「おわりに」の言葉としたい。まずイスラーム固有の観念や価値観などが、日本人にはすぐには飲み込めないという文化的な距離の問題である。例示する方が分かりやすいだろう。

イスラーム法と西欧の法体系を比較して、イスラーム法には法人格がないことが特徴であると説明されているのを見たことがあった。そのような結論が導かれる理由は、法人格がある西欧に思考の軸足が置かれているからにすぎない。イスラーム法がイスラーム全体の中軸であるとの説明もしばしば聞かされるところだ。しかしイスラームは宗教であり、信心を堅固に正しくするために勤行があり儀礼があって、そのような信者の行動を規制するのが法学である。それをもって全体の中心であるというのは、明らかに本末転倒である。

あるいは、イスラームは人とアッラーの関係という縦の線と人間同士という横の線で説かれると整理されることもある。しかしイスラームでは他人をいわば裸で直接に見るのではなく、アッラーの意思の結果としての人間であるので、見る対象の人間にはアッラーの覆いが被せられていることになる。そうすると縦と横の直角に交わった二つの線ではなく、アッラーを頂点とする三角形の構図が正解ということになる。これも目に見えないアッラーの覆いを失念しがちであり、イスラーム固有の存在感覚に慣れないことによる事例である。

もう一つありがちな説を記しておこう。キリスト教には宗教会議があり、統一見解を見出すことが制度的に確保されてきたが、イスラームにはそれがなかったので様々な宗派が並び立ち、喧騒や騒擾が絶えることがないとの説明である。しかしこれもキリスト教に軸足を置いた考え方であり、アッラーの唯一性と預言者ムハンマドが最後の預言者であること以外に関しては、イスラームは見解の多様性を互いに認めるという立場なのである。イスラームの特性を踏まえない見地や分析は、一見分かりやすいとしても詰まるところイスラームの実態から離れて空回りしているにすぎないのだ。

外見上の整合性を求めるのは、場合によっては性急さのなせる業である。周囲の圧力もあるかもしれない。また一般論としても理解を求めるということは、すなわちそこに何らかの論理性を見つけることであるが、えてしてその論理性は非イスラームのものであって、イスラーム固有の論理を覆い隠してしまうことが少なくない。これは思わぬ陥穽となるのである。

もう一つの大きな課題は日本社会が「無宗教」といわれる状態にあることだ。実際には必ずしも「無」でもないが、戦後の経済復興優先の中、かなり宗教信仰が社会の裏舞台に回されていたことは確かである。またこの状況が日本の宗教信仰に対する知識と理解の低さをもたらしてしまったのであった。この事態は、日本でもキリスト教徒や仏教徒がイスラームに対する理解が早いと見られることと平仄《ひょうそく》が一致する。

このような中、イスラームに対する正しい理解を獲得することは至難の業である。ましてイスラームといえばテロリストと並置されがちな時代状況でもある。この問題を克服するには下手な小細工をする必要はない。堂々と王道を歩むべしと思料される。それはイスラーム信仰の深さと広さを縦横に学び、研究し、伝播するということである。

具体的な研究課題としてはもちろん本書で取り上げた信仰関連の諸分野に従って研究することがまず考えられる。しかし右の諸分野以外にも課題を広げ、信仰生活の実際のあり方を調査、研究するのも実りが多いだろう。各地で使用されている祈願（ドゥアー）の言葉などはまさしく生活実態を反映するケースも多いが、このドゥアー集を体系的に研究するのも面白い課題である[1]。また随時出される法勧告（ファトゥワー）については種々出版されているが、社会経済や法学的な視点からは相当研究されているとしても、同時にファトゥワーには、当然ながらしばしば信仰心のほとばしりも見出される。そのような角度からのアプローチは未開拓といえよう。

あるいは次のような着想も可能となる。市民が信仰の道を歩み始める契機となるのは学府における神学の講義ではなく、むしろ悩みを解きほぐしてくれる様々な講話や説教であり、それは総じて伝教活動（ダゥワ）の結果であろう。ダゥワには信仰の一翼を明らかにする貴重な素材が秘められているということになるのではないか。そこでダゥワの言説を中心としたその内容を広く深く精査するアプローチも考えられる。このような視点からダゥワの全貌を把握する試みは、筆者の知る限りまだ研究の鍬入れも済んでいない[2]。

以上に加えて各儀礼の歴史と実情なども、豊かな蓄積があるのはいうまでもない。巡礼、礼拝、断食、喜捨などの正確な把握は、今後の研究に待つ部分があまりに多い。それらの実態調査と研究を出発点として、いかにイスラーム信仰の中軸として信心躍動の場を形成しているかという見地からの考察が求められる。

いずれにしても、特に日本から見る場合、以上のような裾野の広い信仰論を十分解明し咀嚼しないでイスラームを論じることは砂上楼閣を築くようなものであり、いつまでたっても隔靴《かっか》掻痒《そうよう》の感が絶えないということになるだろう。

注記

第一章　信仰の原点

（1）Isma‘il ‘Abd al-Fattah ‘Abd al-Kafi, *Al-Fitra wa al-A‘mal fi al-Islam*, Makka, Rabita al-‘Alam al-Islami, n.a.　拙著『イスラーム信仰とその基礎概念』晃洋書房、二〇一五年、七五—一一二頁。

（2）本書では、『日亜対訳・注解　聖クルアーン』日本ムスリム協会、二〇一五年、第一四版を使用したが、随時訳文を調整もした。

（3）『日訳　サヒーフ・ムスリム』日本ムスリム協会発行、一九八七年、第三巻、五八一—五八三頁。『ハディース』牧野信也訳、中央公論社、一九九三—九四年、上巻、三六九頁。

（4）ムハンマド・アブドゥの説明として、Detlev Khalid, “Ahmad Amin and the Legacy of Muhammad ‘Abduh,” *Islamic Studies*, No.9, 1970.

（5）Ahmad Amin, “Spiritual Life,” *Fayd al-Khatir*, al-Qahira, Maktaba al-Nahda, 1983, vol.5, 一—二六頁。

（6）Yusif al-Qaradawi, *al-Haya wa al-Iman*, Muassat al-Risala, Beirut, 1991, 八五頁。

（7）Ibn Qayyim al-Jawziyya, Madarij al-Salikin, Beirut, Dar ibn Hazm, 2013, 六四五—六五二頁。

（8）ムハンマド・ブン・ハサン・アルジール『イスラームの預言者物語』国書刊行会、イスラーム信仰叢書第三巻、二〇一〇年、六三—六五頁所収。

（9）Nabil Fayad, “*Asl al-Sakina fi al-Islam*,” http://thevoiceofreason.de/ar/1465/print.html. 二〇一四年二月二七日検

索。

（10）拙著『イスラーム信仰とアッラー』知泉書館、二〇一〇年、六五―一九五頁。

（11）『ハディース』上巻、七五二頁。『日訳　サヒーフ　ムスリム』第三巻、五九六頁。

（12）Sunna.com/Tirmidhi　三五〇七番。

（13）al-Sayyid Sabiq, *al-'Aqaid al-'Islamiyya*, Beirut, Dar-al-Fikr, 1978, 三〇、三一頁。

（14）鈴木大拙『宗教の根本疑点について』大東出版社、二〇一〇年新装第一版、七九―九三頁。

（15）前掲書、Sabiq, 七九頁。

（16）このまとめは筆者によるが、Sabiq, 前掲書、七、八頁を参照。

（17）'Ali 'Abd al-Mun'im, *Al-Iman kama Yusawwirhu al-Kitab wa al-Sunna*, Kuwait, Dar al-Buhuth al-'Ilmiya, 1978, 一八頁。

（18）『宗教辞典』東京大学出版会、一九七三年、四〇九頁。

（19）『日訳　サヒーフ　ムスリム』第一巻、二八頁。

第二章　信仰箇条

（1）John Hicks, *God and the Universe of Faiths*, One World Publications, Oxford, 1973, 一三三頁。

（2）同、*The Fifth Dimension and Exploration of the Spiritual World*, One World Publication, Oxford, 1999, 九頁。

（3）なお信仰のある人が神学を学べばその強化と整理に資するが、神学を学んでも信仰を得ることは保証されない。信仰と神学は微妙な関係にあるが、両者は区別されるということになる。これは美術と美学の関係とほぼ同様といえよう。

（4）魂と精神の詳論については、本書付録三「『魂』と『精神』について」を参照願いたい。

（5）信仰と諸学の関係については、知識重視の現代社会では得てして諸学偏重になる恐れが強い。信仰独自の立場と価値を再認識するため、本書付録一「信仰と学問について」を参照願いたい。

（6）初期神学思想の通史には、井筒俊彦『イスラーム思想史』岩波文庫、一九七五年。法学の通史は、堀井聡江『イスラーム法通史』山川出版社、二〇〇四年、ワーエル・ハッラーク『イスラーム法理論の歴史――スンニー派法学入門』書肆心水、二〇一一年など。信仰をめぐる倫理道徳論や精神生活論などについては、まだこのような通史は出されていない。

（7）ここのまとめの典拠は、Salih bin Fawzan bin ‘Abd Allah al-Fawzan, *‘Aqida al-Tawhid*, al-Riyad, Dar al-‘Asima, 1999. 前掲書、拙著『イスラーム信仰とその基礎概念』、一一三―一三五頁。

（8）神学諸派の概略は、本書第六章第一節参照。

（9）ここのまとめの典拠は、Salih bin al-Fawzan, *al-Irshad ila Sahih al-I‘tiqad wa al-Radd ‘ala Ahl al-Shirk wa al-Ilhad*, al-Qahira, al-Dar al-‘Alamiyya, 2013.

第三章　精神生活論

（1）拙稿 “Ahmad Amin on Human Life,”「アフマド・アミーンの人生論」『日本中東学会年報』一〇号、一九八五年、九二頁。

（2）拙著『イスラームの精神世界――信仰の日々』日本サウジアラビア協会、二〇一三年、八六―一〇六頁。

（3）Ibn Miskawayhi, *Tahzib al-Akhlaq*, ed. by Muhammad Salman, al-Qahira, Dar Tayyba lil-Nashr wa al-Tawzi‘, 2010, 九〇―九一頁。

（4）同書、Ibn Miskawayhi, 一四三―一四五頁。

（5）前掲書、Ibn Qayyim al-Jauziyya, *Madarij al-Salikin*.

（6）'Aid al-Qarni, *La tahsan*, a;-Riyad, Dar al-Ubaykaan, 2011.

第四章　倫理道徳論

（1）拙著『イスラームの善と悪』平凡社新書、二〇一二年、一八一―一五九頁。

（2）前掲書、『日訳　サヒーフ　ムスリム』第一巻、五三頁「信仰の書」参照。

（3）前掲書、Ibn Miskawayhi.

（4）Ibn Qayyim al-Jawziya, *Jami' al-Akhlaq*, Jadda, Dar al-Wafa, 2002. 4 vols.

（5）'Abd al-Rahman Hasan Habnaka al-Maydani, *Al-Akhlaq al-Islamiyya wa Usulha*, Dimashq, Beirut, Dar al-Qalam, 1979. 2 vols.

（6）前掲書、Ibn Miskawayhi, 二〇七―二〇八頁。

（7）Husayn Amin, "Surat al-Misri Ahmad Amin, adiban wa muarrikhan islamiyyan barizan," *al-Hayat*, Oct.. 8, 1994.

第五章　信仰体験論

（1）前掲書、拙著『イスラームの精神世界――信仰の日々』、六六―八五頁。

（2）'Abd al-Bari Muhammad Daud, *al-Haya al-Ruhiyya fi al-'Aqida al-Islamiyya wa al-'Aqa'id al-'Ukhra*, Iskandariya, Sharika al-Jalal, 2009, 二四―二五頁。

(3) 前掲書、『日訳　サヒーフ　ムスリム』第三巻、三〇九―三七九頁「功徳の書」参照。

(4) カレン・アームストロング『ムハンマド　世界を変えた預言者の生涯』徳永里砂訳、国書刊行会、二〇一六年。非ムスリムの立場からではあるが、預言者ムハンマドを人間的な視点より紹介している。

(5) 前掲書、『日訳　サヒーフ　ムスリム』第三巻、三八一―五一〇頁「教友達の美徳の書」参照。

(6)「スッファの民」に関しては、Muhammad Mustafa Hilmi, *al-Haya al-Ruhiyya fi al-Islam*, Beirut, al-Qahira, Dar al-Kutub al-Lubnani, Dar al-Kutub al-Misri, 2011, 二八頁。

(7) Muhammad al-Ghazali, *Khulq al-Muslim*, al-Qahira, Dar al-Kutub al-Haditha, 1974, 一五三頁。

(8) 板垣雄三、阿久津正幸「イスラームにおけるスピリチュアリティと平和」鎌田東二編『スピルチュアリティと平和』ビイング・ネット・プレス、講座スピリチュアリティ学第三巻、二〇一五年、一一六頁。

(9) スーフィズムについては、東長靖『イスラームとスーフィズム――神秘主義・聖者信仰・道徳』名古屋大学出版会、二〇一三年など参照。

(10) Ibn al-Mubarak al-Muruzi, *Kitab al-Zuhd*, Beirut, Dar al-Kutb al-‘Ilmiyya, 2004, 一一一―一一三頁。

(11) Ahmad bin Muhammad bin Hanbal, *al-Zuhd*, Beirut, Dar al-Kutb al-‘Ilmiyya, 2006. さらに同書は次の出版社からも復刻版が出ている。Beirut, Dar al-Kitab al-‘Arabi, 1987.

(12) Hannad bin al-Sariy, *al-Zuhd*, Beirut, Dar al-Kutb al-‘Ilmiyya, 2007.

(13) Abu al-Faraj b. al-Jawzi, *Fayd al-Khatir*, Beirut, al-Maktaba al-‘Asriyya, 2010. また同書の別出版は、Cairo, Maktaba al-Thaqafa al-Diniyya, 2012.

(14) 同、*al-Tabsira*, Beirut, al-Maktaba al-‘Asriyya, 2004.

(15) 同、*Nuzhat al-A‘yun linawazir ‘ilm al-Ujuh wa al-Nazair*, Hayderabad, India. 1988-89, 2 vols.

(16) Ibn Qayyim al-Jawziyya, 前掲書、*Madarij al-Salikin*.

(17) Ibn Qayyim al-Jawziyya, *Miftah Dar al-Saʻada*, Beirut, al-Maktaba al-ʻAsriyya, 2003.

(18) Ahmad Amin, *Fayd al-Khatir*, Cairo, Maktabat al-Nahda, 1938-56. 10 vols.

(19) 前掲書、"Spiritual Life," 第五巻、八—一四頁。

(20) 拙訳『アフマド・アミーン自伝』第三書館、一九九〇年。四三、四四頁。

(21) イブン・ジュバイル『旅行記』関西大学出版会、一九九二年。イブン・バットゥータ『三大陸周遊記』前島信次訳、中公文庫、二〇〇四年。『大旅行記』家島彦一訳注、平凡社東洋文庫、一九九六—二〇〇二年、全八巻。

(22) Muhammad Husayn Haykal, *Fi Manzil al-Wahy*, Cairo, Dar al-Kutub al-Misriyya, 1938. 九六頁。

(23) 鈴木剛『マッカ巡礼記』地平社、一九四三年。田中逸平『白雲遊記』歴下書院、一九二五年（復刻版、論創社、二〇〇四年）。山岡光太郎『世界の神秘境　アラビア縦断記』東亜堂書房、明治四五年（復刻版、青史社、一九八八年）など。なお『イスラーム巡礼のすべて』国書刊行会、二〇一〇年。「イスラーム信仰叢書」第一巻。

(24) M.R. Bawa Muhaiyaddeen, *Hajj, The Inner Pilgrimage*, Philadelphia, The Fellowship Press, 1998. 欧米からのマッカ巡礼の記録については、F.E. Peters, *The Hajj, The Muslim Pilgrimage to Mecca and the Holy Places*, Princeton, Princeton Uni.Press, 1994. Michael Wolfe, *One Thousand Roads to Mecca, Ten Centuries of Travelers Writing about the Muslim Pilgrimage*, NY, Grove Press, 1997.

(25) 例えばラマダーンに関しては、Muhammad bin Salih al-ʻUthaymin, *Majalis Shahr Ramadan*, Riyad, Dar al-Tharaya, 2002. 巡礼に関しては多数の出版物もあるが、現代の著名な説教師であるターリク・アルスエイダーンが、『大・小巡礼の秘密』と題するサイトを運営して、大いに霊験論も展開している。礼拝については、ʻAfif ʻAbd al-Fattah Tabbara, *Ruh al-Sala fi al-Islam*, Beirut, Dar al-ʻIlm li al-Malayin, 2003 など。

第六章　信仰論争の系譜

（1）現代の神学諸派に関しては、松山洋平『イスラーム神学』作品社、二〇一六年、一九—一二六頁参照。同書では「ハディースの徒」も一つの神学派としている。また現在は、同派とアシュアリー派、マートゥリーディー派と合わせて、三派がスンナ派の正統派であるとする。

（2）飯塚正人『現代イスラーム思想の源流』山川出版社、二〇〇八年はよいまとめになっている。

（3）Abu Bakr Jaber al-Jazairi, *‘Aqida al-Muumin*, Cairo, Dar al-‘Aqida, 2004, 二一頁。

（4）Ahmad Amin, “Al-‘Ilm wa al-Din,” *Al-Thaqafa*, Sept. 22, 1942. Fayd al-Khatir, vol.4, 一四八—一五四頁。

（5）Yusif al-Qaradawi, 前掲書、四九頁。

（6）同書、五二頁。

（7）Oswald Spengler, *The Decline of the West*, London, 1933. 2 vols. in one vol., 三三頁。

（8）拙著『イスラーム現代思想の継承と発展——エジプトの自由主義』国書刊行会、二〇一一年、「イスラーム信仰叢書」第九巻参照。

（9）Ahmad Amin, *Yawm al-Islam*, Cairo, Dar al-Nahda, 1952, 二一五頁。

（10）Ahmad Amin, *Al-Sharq wa al-Gharb*, Cairo, Lajnat al-Talif, 1955.

（11）同書、二七頁。

（12）Husayn Amin, “Present Precarious State of the Muslim Umma,” *Jerusalem Quarterly* 42 (Spring 1987)、一九—三七頁。

（13）同書、一七一、一七二頁。

(14) 同、*Al-Islam fi 'Alam Mutaghayyir*, Cairo, Maktaba Madbuli, 1988, 二八八—二九六頁。

(15) 「アラブ世界における伝統と現在の挑戦に関するセミナー」アラブ統一研究センター、ベイルート、一九八五年、六一七—六五〇頁。（同掲書 *Al-Islam fi 'Alam Mutaghayyir* 所収、「シャリーアと実定法の間の法的問題」、二二七—二三六頁）

(16) 同書、二六、七一—七頁。

(17) 前掲書、Ahmad Amin, *Al-Sharq wa al-Gharb*, 一九頁。

(18) Ahmad Amin, "Fi Qilla al-Nubugh fi al-'Asr al-Hadith," *al-Hilal*, July, 1935, 一〇二二—一〇二五頁。

(19) Husayn Amin, *Dalil lil-Mislim al-Hazin*, Cairo, Dar al-'Ain lil-Nashr, 2007, 三三—三五、一七六—一七八頁。

(20) Nasr Hamid Abu Zeid, *Reformation of Islamic Thought*, Den Haag, Amsterdam University Press, 2006.

(21) 小杉泰、長岡慎介『イスラーム銀行——金融と国際経済』山川出版社、「イスラームを知る」一二、二〇一〇年はよいまとめになっている。

(22) Makoto Mizutani, *Liberalism in 20th Century Egyptian Thought*, London, I.B. Tauris, 2014, 一四一—一四五頁。

(23) 拙著『現代アラブ混迷史——ねじれの構造を読む』平凡社（平凡社新書）、二〇一三年。

付録一　信仰と学問について

(1) アブド・アルカリーム・ソルーシュ（二〇一〇年没、イラン）は信仰と神学を峻別して、信仰そのものの強化を目指している。そして習慣や大勢順応によりムスリムとなるのではなく、自由意志と個人的コミットメントにより篤信となり、もっと内省的な信徒となるよう説いている。

付録二　イスラームにおける「聖」の概念

（1）『宗教学辞典』東京大学出版会、一九七三年、四五九―四六二頁。
（2）上野誠「日本人の聖地観――いつでもどこでも」『宗教と現代がわかる本　二〇一六、特集　聖地・沖縄・戦争』平凡社、二〇一六年、五〇―五三頁。
（3）マッカ、マディーナの聖地に関しては、拙著『イスラームの原点――カアバ聖殿』国書刊行会、二〇一〇年、「聖地としてのマッカ」一九―三一頁参照。聖地マッカの範囲を示す地図は、同書一〇頁掲載。
（4）拙著『イスラーム巡礼のすべて』国書刊行会、二〇一〇年。巡礼の聖域は、同書一五頁に地図を掲載。
（5）前掲書、『ハディース』牧野信也訳、上巻、三五九頁。
（6）タキー・アッディーン・アルファースィー（一四六三年没）『聖地情報の飢えを癒すこと』ベイルート、二〇〇〇年（全二巻）、第一巻、六五―七二頁。
（7）『サウジアラビア王国総合地図』サウジアラビア高等教育省、リヤード、一九九九年、三四頁。
（8）前掲書、拙著『イスラーム信仰とその基礎概念』所収、付録一「天地の創造と来世について」一五七―一七二頁。
（9）『イスラーム辞典』岩波書店、二〇〇二年、「聖者」の項参照、五五八―五六一頁。
（10）「参拝の館」は通常、預言者イブラーヒームが居る第七層の天上にあるとされる。前掲書『日訳　サヒーフ　ムスリム』第一巻、一二四、一三〇頁。
（11）ちなみに天使たちはアッラーをもっぱら称賛するが自分の知性は持っておらず、人間よりは下の存在としてイスラームでは位置づけられている。
（12）アブー・アルバカーィ・ムハンマド・ブン・アフマド・ブン・ムハンマド・ブン・アッディヤーィ（一

四五一年没）『マッカと聖マスジド及びアルマディーナと預言者の墓の歴史』ベイルート、二〇〇四年。「天地創造以前のカアバ」、「天使たちのカアバ建造」二二―二七頁。

（13）クルアーンには、Q、D、Sの三語根は、一〇回、五つの用語として出ている。カッダサ、クドゥス、クッドゥース、ムカッダス、ムカッダサトゥンである。しかしカッダサ（二：三〇）は崇めまつるの意味である。「クドゥスの魂」は、アッラーの啓示をもたらした天使ジブリール（ガブリエル）で、「クドゥス」はアッラーを指す（一六：一〇二）か、またはマルヤムが懐妊するための活力（五：一一〇）、あるいはイーサーが死者を復活させるための力（二：八七、二：二五三）という意味である。クッドゥースはアッラーの美称（五九：二三、六二：一）、である。ムカッダスはムーサーが律法を授かった谷（二〇：一二、七九：一六）であり、ムカッダサトゥンはムーサーが人々に移住を奨励したカナアンの地（五：二一）である。したがってイスラーム以降は三回で、すべてアッラーあるいはその美称となる。

（14）本論は、二〇一六年三月、立川市にある宗教情報センターにおいて筆者がイスラーム巡礼に関して講演をする機会があったときに、同センターの葛西賢太氏より受けた質問に刺激されてまとめたものである。宗教信仰と正面から取り組まれる同氏の熱意に敬意を払うとともに、右機会を設けられたことにつきここに謝意を記す。

付録三　「魂」と「精神」について

（1）前掲書、拙著『イスラームの信仰とその基礎概念』一三六―一五五頁参照。

（2）アルガザーリー著『宗教諸学の復興』では、知性（アクル）、精神（ナフス）、心（カルブ）、魂（ルーフ）に分けられて、身体との関係を取り持つのが精神、直感を受け取るのが心、抽象的な事象を扱うのが魂として区別される。Syed Muhammad Naquib al-Attas, "The Meaning and Experience of Happiness in Islam," in *Consciousness and Reality, Studies in Memory of Toshihiko Izutsu*, ed. by Sayyid Jalal al-Din Ashtiyani and others, Tokyo, Iwanami Shoten Publishers, 1998, p. 61. ちなみに日本語では魂と魄の別がある。後者が肉体との関係に重点を置くもので、本論でいう精神と同様な位置づけとなる。

（3）Ibn Qayyim al-Jawziyya, *al-Ruh*, ʻAmman, Dar al-Bayt al-ʻAtiq al-Islami, 2006. なお短縮され少々雑な訳文ではあるが、同書の仏英訳として、*L'Âme*, tr. by Fawzi Ali Mohammad, Beirut, Dar al-Kutub al-ʻIlmiyya, 2006., *The Spirit*, tr. by Islamil Abdus Salaam, Beirut, Dar al-Kutub al-ʻIlmiyya, 2010.

（4）同書、四〇―四三頁。

（5）同書、九八―一一二頁。

（6）同書、四七―六六頁。

（7）アルジャウズィーヤは別のところでは、この点について、死はルーフが身体から抜け出て、睡眠はナフスが抜け出るとして、前者を大死、後者を小死として区別している。拙著・訳『イスラームの天国』国書刊行会、二〇一二年、一四頁参照。

（8）同書、二一五―二一七頁。

（9）同書、二〇〇―二五一頁。

おわりに

（1）珍しく欧米の研究者によるものもある。Constance E. Padwick, *Muslim Devotions, A Study of Prayer-Manuals in Common Use*, Oxford, One World Publications, 1961.

（2）説教の仕方や説教師の養成に関して、その基本として信仰論にも触れつつ論じられるのは当然であるが、例えば、'Abd al-Jalil Shalabi, *al-Khitaba wa I'dad al-Khatib*, Cairo, Dar al-Shuruq, 1987 など。

参考文献

（本書で言及された邦語文献）


アームストロング、カレン『ムハンマド　世界を変えた預言者の生涯』徳永里砂訳、国書刊行会、二〇一六年。

アルジール、ムハンマド・ブン・ハサン『イスラームの預言者物語』水谷周、サラマ・サルワ訳、国書刊行会、二〇一一年、「イスラーム信仰叢書」第三巻。

飯塚正人『現代イスラーム思想の源流』山川出版社（世界史リブレット六九）、二〇〇八年。

『イスラーム辞典』岩波書店、二〇〇二年。

板垣雄三、阿久津正幸「イスラームにおけるスピリチュアリティと平和」、鎌田東二企画・編『スピリチュアリティと平和』ビイング・ネット・プレス、講座スピリチュアリティ学第三巻、二〇一五年。

井筒俊彦『イスラーム思想史』岩波文庫、一九七五年。

イブン・ジュバイル『旅行記』藤本勝次、池田修監訳、関西大学出版会、一九九二年。

イブン・バットゥータ『三大陸周遊記』前島信次訳、中公文庫、二〇〇四年。

同『大旅行記』家島彦一訳注、平凡社東洋文庫、一九九六―二〇〇二年、全八巻。

上野誠「日本人の聖地観――いつでもどこでも」、『宗教と現代がわかる本　二〇一六、特集　聖地・沖縄・戦争』平凡社、二〇一六年。四五九―四六二頁。

小杉泰、長岡慎介『イスラーム銀行――金融と国際経済』山川出版社（イスラームを知る十二）、二〇一〇年。

『宗教辞典』東京大学出版会、一九七三年。

鈴木大拙『宗教の根本疑点について』大東出版社、二〇一〇年新装第一版。

鈴木剛『マッカ巡礼記』地平社、昭和一八年。

さらに鈴木剛、細川将『日本回教徒のマッカ巡礼記』大日社、昭和一三年。

鈴木剛、細川将、榎本桃太郎「マッカ大祭記」昭和一二年八月発行『回教世界と日本』（若林半）所収。

田中逸平『白雲遊記』歴下書院、大正一四年（復刻版、論創社、二〇〇四年）、『田中逸平』拓殖大学創立百年記念出版、二〇〇二年、全五巻、『白雲遊記』第一巻所収。

東長靖『イスラームとスーフィズム——神秘主義・聖者信仰・道徳』名古屋大学出版会、二〇一三年。

『日亜対訳・注解　聖クルアーン』日本ムスリム協会、二〇一五年第一四版。

さらに戦後のクルアーンの日本語訳としては、池田修、藤本勝次、伴康哉訳『コーラン』中央公論社、一九七〇年。井筒俊彦訳『コーラン』岩波文庫、一九五七—五八年、全三巻。オウェーズ、モハマッド、小林淳訳『聖クルアーン』イスラム・インターナショナル、パブリケーションズ、一九八八年。澤田達一訳『聖クルアーン』啓示翻訳文化研究所、二〇一三年。中田香織、下村佳州紀訳『日亜対訳　クルアーン』作品社、二〇一四年。

『日訳　サヒーフ　ムスリム』日本サウジアラビア協会、一九七二年、全三巻。

『ハディース（アルブハーリー伝）』牧野信也訳、中央公論社、一九九三—九四年、全三巻。

ハッラーク、ワーエル『イスラーム法理論の歴史——スンニー派法学入門』黒田壽郎訳、書肆心水、二〇一一年。

堀井聡江『イスラーム法通史』山川出版社、二〇〇四年。

松山洋平『イスラーム神学』作品社、二〇一六年。

水谷周『イスラーム現代思想の継承と発展——エジプトの自由主義』国書刊行会、二〇一一年、「イスラーム信仰叢書」第九巻。

同『イスラーム巡礼のすべて』国書刊行会、二〇一〇年、「イスラーム信仰叢書」第一巻。

同『イスラーム信仰とアッラー』知泉書館、二〇一〇年。

同『イスラーム信仰とその基礎概念』晃洋書房、二〇一五年。

同『イスラームの精神世界――信仰の日々』日本サウジアラビア協会、二〇一三年。

同『イスラームの善と悪』平凡社（平凡社新書）、二〇一二年。

同『現代アラブ混迷史――ねじれの構造を読む』平凡社（平凡社新書）、二〇一三年。

同訳著『アフマド・アミーン自伝』第三書館、一九九〇年。

同訳著『イスラームの天国』国書刊行会、二〇一〇年、「イスラーム信仰叢書」第二巻。

同「イスラーム学の新たな展望――『信仰諸論』研究の必要性」、拙著『イスラーム信仰とその基礎概念』晃洋書房、二〇一五年所収、一七三―一九一頁。

同 "Ahmad Amin on Human Life,"「アフマド・アミーンの人生論」『日本中東学会年報』一〇号、一九九五年。

山岡光太郎『世界の神秘境　アラビア縦断記』東亜堂書房、明治四五年（復刻版、青史社、一九八八年）。

〖マ〗

〖ヤ〗

〖ラ・ワ〗

〖ナ〗

〖ハ〗

〚タ〛

〖サ〗

〖**カ**〗

索　引

水谷 周（みずたに まこと）

京都大学文学部卒業、カイロ大学、ロンドン大学を経て、博士（中東史、ユタ大学）、イマーム大学東京分校学術顧問、日本ムスリム協会理事、現代イスラーム研究センター理事。イスラームを日本になじみやすく紹介することを目指す。
『現代アラブ混迷史』2013年、『イスラーム善と悪』2012年（以上平凡社〈平凡社新書〉）、編著書「イスラーム信仰叢書」全10巻、2010～12年、『アラビア語の歴史』2010年（以上、国書刊行会）。英語では、*Liberalism in 20th Century Egyptian Thought,* London, I. B. Tauris, 2014. アラビア語では、『日本の宗教――過去から未来へ』ベイルート、ダール・アルクトゥブ・アルイルミーヤ 、2007年など著書多数。

イスラーム信仰概論

2016年8月15日　初版第1刷発行

著　者	水谷　周
発行者	石井昭男
発行所	株式会社 明石書店

〒101-0021 東京都千代田区外神田6-9-5
電　話　03(5818)1171
FAX　03(5818)1174
振　替　00100-7-24505
http://www.akashi.co.jp

装　丁	明石書店デザイン室
印　刷	株式会社文化カラー印刷
製　本	本間製本株式会社

（定価はカバーに表示してあります）
ISBN978-4-7503-4387-7